跨国公司在华管理

从战略制定到本土化经营

王延平——著

化学工业出版社

·北京·

内 容 简 介

本土化是跨国公司进入我国市场必须面对的问题。本书从战略、人力、组织、合规、财务、产品、供应链、营销、企业文化、数字化转型等多方面详细讲解了本土化经营。借助来自美、欧、日、韩的几十家知名企业的近100个生动案例阐释了跨国公司在华发展容易陷入的诸多陷阱，并提出了具体解决方案。希望能结构化、系统化、场景化地为读者提供借鉴，提高跨国公司本土化经营的管理有效性和运营效率。

《跨国公司在华管理：从战略制定到本土化经营》为在华跨国公司管理者量身订制，也可帮助基层员工了解跨文化经营的特点，还可供有志于海外发展的中国企业管理人员参考。

图书在版编目（CIP）数据

跨国公司在华管理：从战略制定到本土化经营/王延平著.—北京：化学工业出版社，2022.5
ISBN 978-7-122-40885-3

Ⅰ.①跨⋯ Ⅱ.①王⋯ Ⅲ.①跨国公司－企业管理－研究－中国 Ⅳ.①F279.247

中国版本图书馆CIP数据核字（2022）第043236号

责任编辑：刘　丹　　　　　　　　　文字编辑：陈小滔　王春峰
责任校对：王　静　　　　　　　　　装帧设计：史利平

出版发行：化学工业出版社（北京市东城区青年湖南街13号　邮政编码100011）
印　　装：中煤（北京）印务有限公司
710mm×1000mm　1/16　印张14¾　字数167千字　2022年8月北京第1版第1次印刷

购书咨询：010-64518888　　　　　　　售后服务：010-64518899
网　　址：http://www.cip.com.cn

凡购买本书，如有缺损质量问题，本社销售中心负责调换。

定　　价：88.00元　　　　　　　　　　　　　　　版权所有　违者必究

推荐语

王延平结合自身在不同机构的工作经验,系统地阐释了本土化经营方面的注意事项。全书融入了来自美、欧、日、韩等国几十家跨国企业的生动案例,并有针对性地提出了解决方案和建议,希望这本书可以有效帮助跨国公司在华顺利发展。

——张亚勤　清华大学智能科学讲席教授、
中国工程院外籍院士,百度公司前总裁

在 2018 ~ 2021 年的三年多时间里,清华大学经济管理学院互联网发展与治理研究中心与王延平先生带领的 LinkedIn 经济图谱团队合作,围绕"全球数字人才"进行分析研究,为经济的数字化转型提供了一个独特视角。这本书集合了一部分我们的研究成果,也汇聚了作者本人在跨国公司工作期间积累的经验和案例,对于跨国公司的本土化经营有较强的借鉴作用。

——陈煜波　清华大学经济管理学院教授、党委书记、
互联网发展与治理研究中心主任

新冠肺炎疫情和国际关系等诸多因素，给经济全球化发展带来了很多不确定性。但全球化不会终结，今天的中国也比以往任何时候都更融入全球经济。作者曾任CCG常务理事，他的这本书收集了约100个跨国公司在华发展案例，从微观视角解剖企业跨国经营经验与发展策略，为跨国公司在华经营与管理提升了洞察力。

——王辉耀　全球化智库（CCG）创始人兼理事长，
中国国际经济合作学会副会长，中国公共关系协会副会长

作者深入调研、深刻洞悉了在市场竞争和公司治理中脱颖而出的在华投资跨国公司的成功之道，并著于此书。作者的条分缕析，有助于读者"察此知彼"。对实施跨国经营的企业来说，此书对其融入本地市场、熟谙本土化进程，具有很好的指导作用，很值得商学院MBA及各类高级管理人员细细研读。

——朱晓明　中欧国际工商学院教授、中欧金融科技学术主任、
原上海市外经贸委外资委主任

"行动学习法"是荷兰商学院致力于培养真正国际化领导力的重要教学理念之一。作者在荷兰商学院攻读博士学位期间，结合身边的企业案例和行为学习法，记录并撰写形成此书。他把本土化经营的真谛，分解到企业管理的各个环节中，并作为商业画布的一部分进行透视。此书不仅能为跨国公司在中国发展提供借鉴，也能为中国企业开拓海外市场提供借鉴。

——Annette Nijs　著名经济学家，荷兰商学院校董会主席，
荷兰教育、文化和科学部前部长

无论是在业务拓展方面，还是在风险管控方面，王延平都是领英中国的一位杰出领导者和思考者。这本书将为探索中国市场的跨国公司提供指导，帮助应对当今跨境经营管理面临的诸多挑战。

——Mike Callahan 斯坦福大学法学院教授、洛克公司治理中心执行主任；领英公司前高级副总裁、总法务

作者在工作中非常细心和用心，他曾先后在中美互联网公司工作，对中国企业的本土化经营和跨国公司国际化管理都有切身感受和实践经验。他把工作中点滴积累的案例以及与同行交流的经验汇聚成册，形成了这本"全案"类型的工具书。本书对跨国公司管理者和从业者都非常具有参考价值。

——李国庆 当当创始人，早晚读书总经理

外交学院被称为"中国外交官的摇篮"。作者是外交学院外交学系的毕业生，2004年当选为校学生会主席。这本书的内容是作者在企业管理领域践行"民间外交"的有益尝试。希望此书能够发挥管理学领域的"外交官"作用，帮助跨国公司与中国市场搭建友谊之桥。

——王春英 中国外交学院教授、外交学与外事管理系主任

前言

自改革开放以来,特别是加入WTO以来,中国经济逐步与世界接轨。在这过程中,跨国公司作为一支重要的力量,为中国这一巨大市场注入了丰富活力。在为中国经济社会发展做出贡献的同时,各跨国公司也从中国市场获得了举世瞩目的成就与收益。

虽然近年来疫情、国际形势等因素给全球化进程带来挑战,外企在华发展受到一些阻碍,但无论是根据中国官方统计的外资利用情况,还是根据在华主要国际商会的调研结果,跨国公司在华快速发展的势头没有改变。一方面,中国作为全球第二大经济体,在全球经济一体化过程中发挥着越来越重要的作用;另一方面,中国政府一直以来在"外资准入负面清单""外企国民待遇""优化外资促进服务""自贸试验区建设""开发区改革创新"等方面的努力持续且坚定。中国的大门始终对世界打开。

在这样的时代背景下,早早进入中国市场的老牌跨国公司在享受发展红利的同时,不断根据市场情况调整策略继续做大做强。与之相对的,一些跨国公司过于依赖自身以往管理经验,没能足够重视中国本土特性,或有一些意识却不能持续有效地贯彻执行,最终导致在华发展举步维艰,甚至不得不退出中国市场。当然,还有很多尚未入华的新兴企业仍然跃跃欲试,准备进入中国市场一试身手。那么在外因不变的情况下,什么才是决定跨国公司在华发展成败的内因呢?答案就是"本土化经营"。无论行业,无论体量,无论国籍,纵观在中国成功经营多年的跨国公司,无一不是做足了本土化经营这门功课。他们从战略制定到落地运营都能因地制宜,以"思维全球化,行动本土化"为准则开展本土经营。

笔者曾在北京市政府机关从事产业发展和投资促进工作,有幸调研走访了几十家世界五百强企业总部,跟进推动了很多投资项目谈判落地。此后加入中国互联网、美国硅谷互联网和投资机构等领域的头部机构服务。丰富的经历提供了多元化的视角,广泛的交流积累了鲜活的案例,点滴收集成册,终成此书。

本书对企业管理在跨文化场景下的应用进行了有益探索,希望能给以下读者提供一些参考。

- 跨文化经营团队的领导者:掌握本土经营要义,规避在中国经营过程中可能的风险。
- 来华发展的跨国公司总部决策者以及中国业务相关经理人:厘清如何正确进入中国市场,少走弯路,顺利搭上中国高速发展的列车。
- 初入职场者:场景化地了解跨国公司与本土企业的诸多不同,帮助年轻人做好职场规划,做到知己知彼,有的放矢地进行职场沟通与互动。

本书按照企业管理的模块叙事,行文中融入了微软、西门子、飞利浦、沃尔玛、可口可乐等诸多跨国公司案例,生动讲解了本土化经营中破解困境的方法。此外,跨国公司本土化管理的经验也能够为中国企业出海提供借鉴。有实力的中国企业家、管理者,可以运用逆向思维,看清跨国发展路径,做到去粗取精,去伪存真,做强一批懂得如何在海外"本地化"的中国企业。

著　者

目录

第 1 章
战略变革：经营战略本土化

1.1 跨国公司在华发展战略弊病 / 3

  1.1.1 战略生搬硬套，愿景只是"空中楼阁" / 3

  1.1.2 选址不当，区域定位失策折断飞翔的翅膀 / 5

  1.1.3 战略应变能力差，登不上市场机遇的"顺风车" / 7

  1.1.4 缺乏国际化视野，机遇"溜走"陷危机 / 9

1.2 战略纠结：站在思想的"分岔路口"，向左还是向右 / 10

  1.2.1 核心竞争力：复制或者被复制 / 11

  1.2.2 思维差异：心态不同，战略不同 / 12

1.3 经营之本：灵活性的本土化战略 / 14

  1.3.1 明确目标，针对区域市场制定本土化战略 / 15

  1.3.2 发展阶段变化，战略需及时更新 / 16

  1.3.3 多种本土玩法，加深本土化战略深度 / 20

第 2 章

人力资源管理本土化：启用本土人才

2.1 国外人才 vs 本土人才 / 27
- 2.1.1 沟通障碍：跨文化沟通是绕不过的"雷区" / 27
- 2.1.2 认知不足：国外人才缺乏对区域市场和文化的认知 / 29
- 2.1.3 竞争优势：本土人才的天然优势 / 30

2.2 人力资源本土化的重要举措 / 32
- 2.2.1 人才招聘：吸收本土人才 / 32
- 2.2.2 员工培训：拒绝本土员工培训的"文化盲区" / 35
- 2.2.3 薪酬管理：对内体现公平性，对外展现竞争力 / 37
- 2.2.4 多方发力，完善人力资源本土化战略 / 39

2.3 本土人才的留任：激励与发展双管齐下 / 41
- 2.3.1 打破晋升天花板，打通晋升通道 / 42
- 2.3.2 依据企业战略储备本土人才 / 44
- 2.3.3 注重发展：给本土人才一个留下的理由 / 47

第 3 章

组织架构变革：决策适应区域市场

3.1 僵硬的传统决策模式 / 53
- 3.1.1 对本土市场缺乏认知和沟通不畅引发决策双风险 / 53

3.1.2 效率风险：层层汇报，降低决策效率 / 55

3.2 组织架构本土化 / 57

3.2.1 亚太总部迁移，从东京到上海的"迁移记" / 57

3.2.2 独立市场独立管理，福特中国战略大升级 / 58

3.2.3 权力下放：给予本土人才更多权力 / 60

3.2.4 互联网的扁平化 vs 百年老店的"金字塔" / 62

第 4 章
合规管理与危机应对

4.1 政府关系管理 / 67

4.1.1 战略选择：讲好自己的故事 / 67

4.1.2 沟通框架：搭建 6S 沟通模型 / 70

4.1.3 规避陷阱：这些"雷区"不可碰 / 73

4.2 法务与合规管理 / 74

4.2.1 法务管理诀窍：培养本土法务人才 / 75

4.2.2 规避合规管理的"红线" / 76

4.2.3 搭建完善的合规管理体系 / 79

4.3 媒体关系管理 / 81

4.3.1 快速响应，避免舆论发酵 / 81

4.3.2 给出的结果要有理有据 / 83

4.3.3 勇于直面问题，勇敢承认错误 / 85

4.3.4 制定危机公关应对方案 / 87

第 5 章

财务管理：防控风险，提高效益

5.1 跨国公司财务管理的难点及对策 / 93

5.1.1 资金管理：警惕利润陷阱 / 93

5.1.2 成本管理：破解成本困境 / 95

5.1.3 汇率风险防范：汇率变动影响现金流量 / 98

5.1.4 税务筹划：规避税务风险，减少不必要支出 / 100

5.2 跨国公司财务管理要点解析 / 102

5.2.1 财务管理模式：分权式、集权式、混合式 / 102

5.2.2 财务与会计机构是否分别设立 / 105

5.2.3 设立财务结算中心或财务公司 / 107

第 6 章

产品本土化：聚焦于消费者的喜好和需求

6.1 产品"水土不服"，忽视消费者需求 / 113

6.1.1 照搬国外产品，缺少适应性改变 / 113

6.1.2　沉浸于往日辉煌，未及时进行产品迭代 / 115

　　6.1.3　理念不合，产品难以被接受 / 116

6.2　**产品创新：聚焦区域市场需求** / 118

　　6.2.1　聚焦消费者需求，打造本土特色产品 / 118

　　6.2.2　基于本土文化进行适应性创新 / 120

　　6.2.3　随机而动，不断推陈出新 / 123

第 7 章
供应链本土化：选择合适的"纽带"

7.1　**找准节点，打通本土供应链各环节** / 127

　　7.1.1　寻找研发伙伴，建立本土研发中心 / 127

　　7.1.2　寻找零部件供应商，实现采购本土化 / 129

　　7.1.3　建设生产基地，实现本地化生产 / 130

　　7.1.4　寻找增值服务伙伴，提供更贴心的增值服务 / 132

7.2　**选育结合，加强管理，培养优质供应商** / 133

　　7.2.1　供应链管理不等于货源管理 / 134

　　7.2.2　多维分析，选择最合适的供应商 / 136

　　7.2.3　加强品控，平衡成本与质量 / 137

　　7.2.4　绩效考核，打造高水准的供应商队伍 / 139

第 8 章

营销推广：制定本土化的营销策略

8.1 营销不对路，深陷无效营销陷阱 / 145

8.1.1 经营理念与消费者需求不合 / 145

8.1.2 营销难以突破文化障碍 / 147

8.1.3 错位营销导致品牌形象受损 / 149

8.2 营销策略修炼：有定位，有目标 / 150

8.2.1 锚定营销定位，把握本土化营销方向 / 150

8.2.2 传统元素释放品牌特色，让品牌越来越有"中国味" / 152

8.2.3 营销方式多元化，打造全方位营销矩阵 / 155

8.3 营销升级：开辟新赛道，提升品牌影响力 / 158

8.3.1 新产品＋新场景，本土化营销不断升级 / 158

8.3.2 兼并本土知名品牌，实现品牌扩张 / 162

第 9 章

企业文化建设：突出文化包容性

9.1 跨国公司企业文化建设障碍 / 167

9.1.1 外部因素：企业文化与中国文化存在冲突 / 167

9.1.2 内部因素：多样性的文化存在冲突 / 168

9.2 加强交流,促进文化融合 / 170

  9.2.1 认同文化差异,进行文化整合 / 170

  9.2.2 统一文化共识,引导员工行为 / 172

9.3 企业文化有建设,更要有执行 / 174

  9.3.1 以制度实践企业文化 / 174

  9.3.2 以物质文化展现企业文化 / 176

第 10 章

调整视角,破解数字化焦虑

10.1 数字化转型的挑战 / 183

  10.1.1 主权归属:服务器及数据难题 / 183

  10.1.2 认知偏差:认为数字化转型等于信息化建设 / 185

  10.1.3 人才困境:数字化人才与需求断层 / 188

10.2 如何应对数字化转型 / 196

  10.2.1 数字化转型是手段,业务转型是核心 / 197

  10.2.2 多点切入:从数字化生产到数字化营销 / 199

  10.2.3 核心驱动:以创新赋能数字化转型 / 202

第 11 章
跨国公司经营对中国企业出海的启示

11.1 出海如何从 0 到 1 / 207

11.1.1 拒绝跟风,制定科学策略 / 207

11.1.2 规避风险,提防合规性的"暗礁" / 209

11.1.3 降低难度,选择合适的出海伙伴 / 211

11.2 借鉴跨国公司经验,开发海外市场 / 213

11.2.1 寻求共识,跨越文化差异 / 213

11.2.2 立足之本,本地化经营 / 214

11.2.3 从海外研发到海外收购,品牌不断扩张 / 216

11.2.4 愿景描绘,好故事助力品牌腾飞 / 217

MANAGEMENT OF
MULTINATIONAL CORPORATIONS
IN CHINA

第 1 章
战略变革：经营战略本土化

1.1 跨国公司在华发展战略弊病
1.2 战略纠结：站在思想的"分岔路口"，向左还是向右
1.3 经营之本：灵活性的本土化战略

2022年初，中华人民共和国商务部数据显示，2021年全国实际使用外资金额11493.6亿元人民币，同比增长14.9%，实现两位数增长，引资规模再创历史新高。其中高技术制造业增长10.7%，高技术服务业增长19.2%。服务业实际使用外资金额9064.9亿元人民币，同比增长16.7%。

在跨国公司纷纷进入中国市场的大环境下，有的跨国公司成功在中国市场立足，有的跨国公司却不得不黯然离场。除去疫情、监管合规等外部因素，实现本土化经营是跨国公司进入中国市场成功的关键内因。一些跨国公司缺乏本土化经营的观念，往往直接将适用于其他市场的战略应用于中国市场，却没有考虑战略的适用性，导致后续经营难以开展。同时，一些跨国公司已经认识到本土化经营的重要性，但在战略制定方面却存在诸多纠结，这也会影响其战略落地。要想使企业更好地在中国市场立足，跨国公司需要灵活制定本土化战略，清晰思路，有效执行，唯此才能发挥出自身产品或服务在中国市场的竞争力。

第1章 战略变革：经营战略本土化

1.1 跨国公司在华发展战略弊病

跨国公司在进入中国市场时，实施的战略可能并不符合市场的需要，表现为直接将针对其他市场的战略应用于中国市场、区域定位失策、战略应变能力差等。跨国公司需要识别以上问题，避免陷入此类陷阱。

1.1.1 战略生搬硬套，愿景只是"空中楼阁"

在进入中国市场的过程中，很多跨国公司都会有这样的疑惑："为什么同样的战略模式在德国市场可行，在印度市场可行，在中国市场却难以施行？"无论具体情况如何，问出这样的问题，已经说明在战略思维层面跑偏了。这种"危险"思维源于"不理解"甚至"怪罪/埋怨"中国市场的特殊性。生硬套用其他国家成功战略模式，往往导致其在中国市场的失败。

例如，韩国知名家居品牌汉森就因为直接套用韩国模式而遭到中国市场的排斥。在进入中国市场之前，汉森是韩国家居行业中的龙头企业，并将"智能化厨房"概念引入了韩国市场。汉森在韩国所取得的成功表明了其战略模式的可行性。

在进入中国市场之后，汉森中国在上海打造了一家大型空间体验旗舰店，直接对接中国消费者。该旗舰店的地理位置优越，交通便利，人流量巨大。但在随后的两年中，该店铺未能延续该品牌在韩国的亮眼表现，亏损越来越严重。

为什么在韩国大获成功的汉森未能在中国市场立足？

一方面，汉森中国的市场战略摇摆不定。在开设旗舰店时，除了零售渠道外，汉森中国也致力于多元化渠道的打造。最初，汉森中国与多家房地产公司合作"B2B2C"业务，既做样板房，也向消费者推销自己的产品，但这样的模式并未取得较好的成效，于是汉森中国又开始寻求代理商进行合作。随后，汉森中国与某装饰公司合作，开设了汉森家居生活馆，包括生活用品馆、家具馆、样板间等。这种与代理商合作的模式也没有有效地提升产品销量，因此，代理商模式最终也搁浅了。汉森中国的经营战略不清晰导致了企业业绩难以提高。

另一方面，汉森中国直接套用韩国模式受到了中国市场的排斥。橱柜业务是汉森的明星业务，深刻改变了韩国人的生活方式。在进入中国市场时，汉森中国的橱柜产品照搬韩国模式，将产品分为高、中、低档三个系列，分别定价30万～40万元、6万～10万元、3万～4万元。其产品定价策略适用于韩国市场，但是在中国市场中，其他品牌的橱柜系列产品的定价远低于其定价，其定价并不具备竞争优势。产品和定价的失误，让汉森最亮眼的橱柜产品在中国市场遭遇了"滑铁卢"。

同时，汉森中国的样板房也照搬了韩国的样板房，在旗舰店开业之初，整个店铺的设计和陈列都由韩国团队负责。产品陈列、促销品的宣传方式都暴露了韩国团队对中国消费者认识不足的问题。对于中国的消费者而言，样板房的空间布局和模块设计都存在问题，并不符合消费者的生活习惯，也难以激发消费者的购买欲望。

战略的摇摆不定拖慢了汉森中国发展的速度，而照搬韩国模式则导致了其经营的失败，这也是很多跨国公司进入中国市场时的战略弊病之一。生搬硬套的战略缺乏落地的基础，自然会引发诸多执行层面的问题。

1.1.2 选址不当，区域定位失策折断飞翔的翅膀

许多跨国公司在进入中国时，会通过在中国开店、建厂等方式寻求落地，这是跨国公司进入中国市场的关键节点，而区域定位失策会导致跨国公司进入中国市场的失败。

Forever 21 为美国知名服装品牌，品牌定位于 20～30 岁的年轻女性。其产品的品类丰富，在追求性价比的同时也兼具时尚元素，吸引了众多年轻消费者，并快速打开了美国市场。

在美国大获成功后，Forever 21 开始进军中国市场。在众多服装品牌纷纷在北京、上海等一线城市安营扎寨时，其却在江苏常熟开设了在中国的第一家店。江苏省常熟市是中国重要的服装集散地，拥有完整的服装产业链。Forever 21 选择在此开店并不是明智之举，不久之后就因店铺经营不善而仓皇退出，也因此错过了行业的红利期。

除了 Forever 21 之外，荷兰乳业巨头菲仕兰也因为区域定位失策而退出中国市场。菲仕兰在进入中国市场时，选址于北方，在天津建立合资公司。但中国的北方有蒙牛、伊利等乳业巨头，是奶源的高度集中点，菲仕兰难以在激烈的市场竞争中"杀"出一条生路。

而与之相比，美国美赞臣能够在中国市场生存并不断发展，决定性的一点就是其选址得当，选择了有利于企业发展的战略要地。在刚进入中国时，美赞臣在广州市黄埔区建立了美赞臣营养品（中国）有限公司，在之后的发展中，美赞臣又在广州建立了婴幼儿营养品研发中心（中国）。2020年7月，美赞臣跨境中心落地广州市南沙区，力求通过加入全球溯源体系，提升全球跨境贸易的影响力。

不同的地区有不同的竞争环境和消费者市场，这是跨国公司在中国落地选址时需要重点考虑的因素。在开店、建厂之前，跨国公司需要考虑选址区域的竞争是否激烈，当地市场是否对自己的产品存在需求等，以此分析选址的科学性。

同时，为支持特定产业的发展，一些城市会不断积累资源，当地政府也会推出激励措施。例如，制药业是无锡大力发展的产业，拥有多个生物制药专业产业园区，与药物相关的多种业务也快速发展，形成了集研发、中试、制造生产为一体的完整产业链。同时，当地政府也推出了多种优惠政策，如跨国公司从项目中获利再投资，最高可得1000万元的奖励等。

笔者曾供职于中国政府部门，专门从事外商投资促进工作，直接负责若干"世界500强"企业选址落地，并跟踪服务了数百亿美元的巨型投资项目。**这里提醒需要做出投资选址决策的跨国公司：一方面要读懂政策，善于与地方政府沟通，获取优质奖励。但同时又不能过度看重经济激励而忽略了区位和产业关联度，否则将做出舍本逐末的决策。另一方面，要充分认识产业集聚在中国优质的产业园区具有非常重要的意义，这是中国产业发展最具特色的地方。如果跨国公司能够在很多开发区或工业园中找到匹配自己的上下游产业链、合作伙伴，**

甚至是客户，那么很可能将搭上中国发展的"高速列车"。这种产业链构建模式和中国式招商引资效果是中国市场的特色。因此全面和深入地掌握信息，细致地谈判，不被简单的经济奖励迷惑，是在中国投资选址的关键点。

1.1.3 战略应变能力差，登不上市场机遇的"顺风车"

战略应变能力差也是跨国公司在战略方面的弊病之一。一些跨国公司在进入中国市场时，基于市场的独特性制定了可行的本土化战略，也取得了较好的成效，但在之后的经营中却沉溺于往日辉煌，缺少对市场的动态把控，没有对本土化战略进行更新。陈旧的本土化战略不能满足发展变化的市场的需求，跨国公司的发展自然会受阻。

某日化品牌在刚刚进入中国市场时，就针对中国市场和消费者进行了战略调整，制定了本土化战略。在产品方面，其结合自身技术和中国传统中草药成分，推出"中药草本牙膏""汉草萃牙膏"等，以适应中国消费者的需求。同时，在产品命名方面，为了加深中国消费者对于品牌的印象，该品牌结合品牌特点为不同的品牌选取了相应的中文名称，中文名称既能体现产品特点，又朗朗上口，便于加深消费者对产品的记忆。

在定价方面，该品牌推出了各种低价产品，同时推出了折扣促销、有奖销售等多种促销活动，更贴近中国消费者的消费心理，满足中国消费者的消费需求；在品牌宣传方面，该品牌邀请中国的明星做形象代言人，借助明星的影响力扩大品牌知名度。

基于以上本土化策略，该品牌在进入中国市场后迅速实现了国际品牌本土化，获得了众多消费者的青睐。但随着时代的发展，该品牌在中国市场的占有率开始呈现下跌趋势。而这一切与其陈旧的本土化战略密切相关。

首先，该品牌对中国市场的发展认识不足。随着中国经济的不断发展，消费者的消费水平也在不断升级，"低价为王"的时代已经过去，产品品质越来越成为消费者关注的重要因素。但其产品并没有做出相应的改变，虽然在价格方面具有吸引力，但在产品品质方面却难以满足消费者的需求。

其次，反应迟钝，没有及时进行战略调整。在该品牌进入中国市场之初，市场中缺乏有力的竞争者，但随着时代的发展，拉芳、舒蕾、蒂花之秀等民族品牌逐渐崛起。该品牌没有针对竞争环境的变化做出快速反应，没有及时根据消费者的消费趋势调整营销策略，在竞争中节节败退。在滋源、资生堂等日用品牌进入中国市场之后，加剧的竞争又一次对其造成了冲击。

再次，过时的产品无法满足消费者的情感诉求。拉芳将产品和生活联系在一起，宣传"爱生活，爱拉芳"；蒂花之秀也打起了感情牌，推出"蒂花之秀，青春好朋友"的广告语。在许多品牌都在贩卖情怀的时代，消费者购买产品时不仅关注产品本身，也关注消费体验。而该品牌的洗发水依旧以"去屑""柔顺"等功能作为亮点进行营销，让消费者很难对产品产生想象，难以满足消费者的情感诉求。产品缺少了附加值，自然也缺少了竞争力。

最后，一味缩减品牌，治标不治本。在进入中国市场之初，该品牌实行多品牌战略，提高了其产品的市场占有率。之后，在销售业绩下滑时，其没有分析自己的市场战略，而是一味地缩减品牌产品，虽然这一举措有利于集中优势资源,但并不能从根本上解决竞争问题,甚至降低了其产品的市场占有率。

在中国市场受挫之后,该品牌没有及时更新本土化战略,致使其在中国市场中步履维艰。这也是许多跨国公司在战略方面容易陷入的一个误区。正如"穷则变,变则通,通则久",当市场发生变化时,企业的本土化战略也要进行变革,如果被往日辉煌蒙住双眼,不知变通,那么企业也难以在中国长久发展。

1.1.4 缺乏国际化视野,机遇"溜走"陷危机

一些跨国公司在进入中国市场时野心勃勃,想要在新的市场大展身手,但其战略却缺乏国际化视野,使得业务与本土市场缺乏兼容性,本土团队缺乏自主权。事实上,**对于跨国公司而言,战略神经越紧绷,越难以获得理想的效果,甚至大好的机遇也会变为危机。**

eBay是美国知名的交易平台,在创立的短短三年之后就于纳斯达克上市。在美国大获发展之后,eBay决心进军中国市场。

在进入中国市场时,eBay收购了在线交易公司易趣网。彼时易趣网在中国拥有超过200万的用户,占据85%以上的市场份额。之后,eBay更名为eBay易趣网。但在进入中国市场的两年后,eBay便宣布退出中国的在线交易市场。eBay在中国的败退与其缺乏国际化视野、过于紧绷的战略密切相关。

一方面,eBay在中国的业务缺乏适应性。eBay上的商品通常为二手产品,这对中国的消费者缺乏吸引力,同时其拍卖的交易方法也并不符合中国消费者的交易习惯。此外,eBay的支付方式也十分传统,

仅支持支票、邮政汇款、信用卡、PayPal 等支付方式。但是，这些支付方式在中国十分少见。在其他国内线上平台已经支持支付宝支付的情况下，eBay 并没有根据市场做出适时的改变。

另一方面，eBay 的"迁移"战略加剧了其战略危机。在中国有了部分用户之后，eBay 易趣网决定将其技术平台转移到美国。这一"迁移"项目的目的是停止使用易趣网在中国建立的技术平台，并将国内用户转移到 eBay 的美国平台上，将不同国家的用户联系在一起。

在"迁移"项目完成后，易趣网的在线流量大幅降低。同时，eBay 缓慢且不稳定的服务极大地打击了中国用户的使用积极性，导致大量用户流失。同时，"迁移"战略也使得 eBay 在中国的发展陷入停顿状态。完成迁移之后，易趣网失去了对网站的大部分控制权，所有对网站的调整都要经过总部的允许，这大大降低了易趣网解决问题的效率，无法对用户反馈做出快速回应。

在经历以上战略危机之后，eBay 在中国的市场份额不断降低，最终只能以出售业务的方式退出中国市场。

1.2 战略纠结：站在思想的"分岔路口"，向左还是向右

很多跨国公司都意识到了制定本土化战略的重要性，但在具体实践中，却难以制定出切实可行的本土化战略。原因就在于很多跨国公司在制定本土化战略时存在诸多方面的纠结和担忧，这些都会影响其战略决策。

1.2.1 核心竞争力：复制或者被复制

很多跨国公司在制定本土化战略时，都会有这样一种纠结："当发现好的中国模式时，要不要进行复制？将自己的商业模式放到市场中时，会不会被其他企业复制？" 这样的纠结会影响跨国公司本土化战略的制定。而跨国公司纠结于此的原因就在于担心失去核心竞争力。

星巴克进入中国之后深受消费者的喜爱，这与其坚持的"第三空间"的理念密切相关。"第三空间"的概念由美国社会学家欧登伯格提出，他将居住空间定义为第一空间，将职场定义为第二空间，将咖啡店、博物馆、公园等公共空间定义为第三空间。在宽松的环境中自由地释放自我是第三空间的主要特征。随后，星巴克将这一概念引入咖啡店中，以精神和环境的体验为消费者打造第三空间。这一理念是星巴克营销的核心，也是吸引消费者的魅力所在。

而随着互联网的发展，线上销售越来越火爆。在美团外卖与饿了么快速发展的时候，星巴克也曾陷入纠结：是开放外卖业务还是坚守"第三空间"的理念？如果改变是否会对企业造成不良影响？

但星巴克并没有太多的时间去纠结，在国内其他咖啡品牌纷纷推出外卖与自提的消费方式之后，星巴克也做出了改变——开设了自己的"啡快概念店"，并推出两项重点服务：用手机点单到店自提的"啡快"与星巴克的外卖"专星送"。

与常见的那些星巴克门店相比，啡快概念店升级了门店设计和布局，同时优化了消费者的体验。概念店集合了啡快服务、专星送外送服务和到店消费者体验三大功能，能够为消费者带来"简而不减"的消费体验。同时，概念店还承担了"中央厨房"的功能。在客流高峰时段，概念店将通过智能派单系统分担附近门店的外卖订单，提升星巴克的服务效率和品质。

星巴克在发现国内的其他咖啡店采取不同的商业模式时，并没有一味地坚持自己，而是顺应市场需求做出了改变，这一举措也提升了其在中国的竞争力。

除了复制方面的纠结外，跨国公司还存在一种"被复制"的担忧，担心自己的商业模式为他人所用。商业模式能够体现企业的价值定位和盈利设计。其中，价值定位指的是企业在产业链中的定位、分析自己的产品如何解决用户需求，从而给企业带来价值；盈利设计指的是企业如何节约成本、获得营收。价值定位和盈利设计能够被其他企业模仿，一旦市场中出现了模仿者，企业的发展就会受到限制。

例如，谷歌的主要收入来源于其广告收入，即将关键词卖给出价最高的广告主，按广告出价排序展示搜索结果。在谷歌进入中国后，这种商业模式为人所熟知，同时许多国内的搜索引擎公司开始纷纷成立，并推出了与谷歌类似的关键字竞价服务，以此获取盈利。在这种趋势下，中国搜索引擎领域的竞争日益激烈，也给谷歌在中国的发展造成了压力。

在"复制"与"被复制"两个方面，跨国公司都会存在一种担忧，担忧复制模式与模式被复制会降低自身的核心竞争力。基于这种担忧，其制定本土化策略的效率和科学性也会受到影响。

1.2.2 思维差异：心态不同，战略不同

不同跨国公司的思维差异也会影响其战略的制定。一些新兴的英美企业在进入中国市场时，可能会存在一些傲慢与偏见，不重视中国

消费者的需求，或者主观臆断消费者的需求。在这样的心态之下，跨国公司很难在中国市场有所发展。

亚马逊在进军中国电商市场时，市场缺少有力的竞争对手，在收购卓越网后，亚马逊在中国的发展也建立了根基。之后，亚马逊用了三年时间更换卓越网的后台系统，又用了三年把网站改版成"亚马逊风"，直到收购的七年后才将"卓越亚马逊"更名为"亚马逊中国"。虽然早早进入中国市场，但亚马逊并没有抓住时机大获发展，原因就在于其对于中国市场的傲慢与偏见。

亚马逊的核心理念是让消费者主动搜寻以满足他们的需求，不会在页面中突出展示商品，极力避免给予消费者引导，将选择权交给消费者。其核心思想是满足需求，而不是通过刺激消费者来创造需求。亚马逊的这一理念在国外吸引了大量粉丝，但是在以流量为核心的中国环境中，只"满足需求"难以创造出更多订单。

当时，随着中国诸多电商品牌的发展，竞争也日益激烈，淘宝、苏宁易购、国美、当当等电商平台不断推出优惠活动，而亚马逊则毫无动作。此后，中国几家电商平台的市场份额不断提升，而亚马逊迟迟没有跟进。

此外，在人员的任用方面，虽然亚马逊任用了一些本土的员工，但是在管理层方面任用的却是外籍高管，这给团队之间的沟通造成了障碍。同时，亚马逊并没有为本土员工设计完善的晋升通道，很多本土员工上升到一定层级就再也无法晋升，这使得员工普遍斗志不足，难以与淘宝、京东等中国电商公司竞争。

亚马逊没有有针对性地制定本土化的战略。缺乏适应中国消费者的营销方式、外籍高管脱离实际市场的决策和不完善的员工管理，都为亚马逊退出中国市场埋下了伏笔。

与之相对的,很多诸如大众、宝马等的传统跨国公司就没有这种傲慢的心态。以大众为例,其在进入中国市场后,一直在推进其本土化战略的落地。

首先,在战略上,大众推行"全价值链本土化"战略,在中国市场建立了完善的供应商体系,保证了大众汽车的耐用性和可靠性。其次,针对中国市场,大众提供了一系列量身定制的特供车型,如朗逸、宝来等。最后,大众在本土化战略中使用的加长轴距等设计手法也深受中国消费者喜爱。

正是因为这些跨国公司尊重中国市场本土规律,扎实落地本土化战略,才能够真正抓住消费者的需求,并借着吸引外资的东风在中国成功立足和发展。

大众对于中国市场的战略与亚马逊对于中国市场的战略十分不同,这和其对于中国市场的态度密切相关。不同跨国公司对于中国市场的不同态度也会影响其战略的制定。

1.3 经营之本:灵活性的本土化战略

在进入中国市场之后,很多跨国公司进行了各种各样的尝试,无数成功与失败的经验表明,要想在中国市场站稳脚跟,跨国公司就需要针对特定的市场制定具有灵活性的本土化战略。本土化战略的关键在于了解并满足目标市场的需求,而灵活性则表明企业的本土化战略需要根据外部环境的变化或内部发展的需要适时更新。

1.3.1 明确目标，针对区域市场制定本土化战略

跨国公司在进入中国市场初期，往往因策略失误而付出了昂贵的"学费"代价，此后，越来越多的跨国公司开始将"本土化"视为进入中国市场的"敲门砖"。不同的跨国公司在进入中国市场时有不同的目标，如品牌宣传、技术研发、销售变现、生产基地、原料供给或讲好资本故事等。因此，在制定策略时，跨国公司首先需要明确自己的目标，据此制定有针对性的战略。也就是说，**跨国公司不能盲目国际化，不能盲目进入一个海外市场**。纵使是面对中国这样一个生机勃勃的市场，也不能想当然地盲目进入。想不清楚自己真正想要什么，往往导致很多纠结与挫折。这一点对人生发展如此，对面临国际化发展的企业同样如此。

2021年3月，奥迪公布了2020年财报，财报显示，奥迪年全球销售约170万辆，其中在中国市场共交付汽车超过72万辆。中国市场的强劲表现让奥迪看到了中国市场的潜力，也更坚定了其深耕中国市场、获得更多收益的目标。

在进入中国市场之初，为了实现这一目标，奥迪与一汽达成合作，共同创建了一汽-大众奥迪这一合资品牌，并制定了相应的本土化战略，最终成功在中国市场立足。

一汽-大众奥迪的本土化战略体现了全价值链本土化，其中包含两大核心体系。

一是构建先进的本土化研发、生产、质保体系。在研发方面，一

汽-大众奥迪在中国建立了高技术标准的实验中心和完整的研发体系，以实现车辆的本土化改进和二次研发；在生产方面，其五地六厂的战略布局覆盖了中国东北、西南、华南、华东、华北等区域，同时工厂具备先进的制造工艺、完善的生产流程和本土化的管理人才及员工；在质保体系方面，一汽-大众奥迪建立起了覆盖三大基地、人员超过2000人的质量保证部，坚持"全员全过程"质保体系及"0缺陷战略"，为其出品的每辆汽车提供高标准的品控保障。

二是打造深受消费者认可的服务体系。一汽-大众奥迪在进入中国市场之后建立了本土化的经销商网络，并打造了采用全球统一服务标准、统一标识、统一专业化的4S店。发展到现在，一汽-大众奥迪的数百家授权经销商已覆盖全国超过200个城市。此外，为了能够培养专业售后人才，一汽-大众奥迪在长春、北京、杭州等地建立了培训中心，与十余所院校签订了合作协议。

在以上完善的本土化战略的支持下，一汽-大众奥迪得以在中国市场立足并迅速发展。可见，要想成功应对新的市场，跨国公司就要明确自己的目标，结合目标与市场特点制定本土化的经营战略。

1.3.2 发展阶段变化，战略需及时更新

对于跨国公司而言，不仅要根据市场需求制定本土化战略，还要保证战略的灵活性，当市场环境或自身发展阶段发生变化时，企业的本土化战略也要发生相应的变化。

在进入中国市场时，为了更好地满足市场需求，麦当劳在中国建

第1章 战略变革：经营战略本土化

立了完善的食品供应系统和人力资源管理系统，并在中国市场进行了本土化的营销。

在产品方面，麦当劳向其他国家消费者提供的食品往往是汉堡、薯条、冰激凌等，但是进入中国市场后，考虑到中国消费者在饮食习惯方面的差异性，又推出了麦乐鸡、麦辣鸡腿汉堡等符合中国消费者饮食习惯的食品。

在促销方面，麦当劳深知要想得到消费者的认可，就必须入乡随俗，拉近与消费者的距离。春节是中国消费者最重视的传统节日，在每年的春节来临之际，麦当劳都会推出春节专属活动，如向消费者提供新年饰品、新年专属套餐等。这些促销活动将中国的传统文化与麦当劳美食巧妙地结合在一起，更能获得消费者的认可。

在价格方面，麦当采用的也是本土化战略，更符合中国消费者的需求。例如同一款汉堡在美国售价是 3.73 美元，在中国售价则为 1.966 美元。麦当劳会根据对市场和消费者的评估、对成本的评估、对竞争者价格和成本的评估等因素制定本土化的价格。

以上措施体现了麦当劳在刚进入中国市场时的本土化战略，而随着其在中国的发展，其本土化战略也进行了更新，主要表现在以下几个方面。

（1）公司治理结构本地化

经过了在中国的长久发展之后，麦当劳在中国更名为"金拱门"，其公司名称也从"麦当劳（中国）有限公司"变为"金拱门（中国）有限公司"。麦当劳名称的变化反映了其股权的变动：麦当劳与中信股份、中信资本以及凯雷投资集团进行战略合作，股权交割完成后，中信股份、中信资本持有52%的股权,凯雷投资集团持有28%的股权,麦当劳持有20%的股权,如图1-1所示。新公司拥有麦当劳在中国的特许经营权。

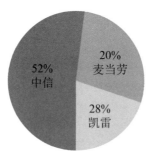

图1-1 变动后的麦当劳股权示意图

此次股权变动是麦当劳的一次重大战略调整,即引入本土伙伴进行合作经营。在引入本土合作伙伴之后,麦当劳便可借本土伙伴的力量实现快速扩张。本土伙伴可以在其向下沉市场扩张的道路上提供选址、物业等方面的帮助。当然,这次治理结构的变化除了使本土化战略更加与时俱进和切实可行外,还使得麦当劳多年来在中国的成功运营及其品牌价值得到了充分的认可。

(2)订餐渠道多样化

在订餐方面,麦当劳推出了线下门店的智能点餐业务,在门店增设自助点餐机,消费者只要在屏幕上点餐、支付即可。同时随着中国餐饮O2O(online to offline,线上到线下)模式的发展,网上订餐成为一种备受消费者青睐的订餐方式。为了能为消费者提供更好的服务,麦当劳与微信、支付宝进行合作,开通了微信支付和支付宝支付,大大提高了服务效率。此外,外卖业务也是麦当劳一个新的销售增长点。除了和美团外卖、饿了么等平台进行合作外,为了更好地了解消费者的需求，麦当劳也推出了自己的App并开通了微信小程序。

（3）营销网络化

当前，中国粉丝经济飞速发展，为品牌进行口碑营销提供了更好的商业运作模式。在这一大环境下，麦当劳邀请了一众中国的人气明星做代言人，借其影响力宣传品牌，创造收益。同时，麦当劳还赞助了《中国有嘻哈》《早餐中国》等节目以及英雄联盟赛事。这些营销都大大增加了麦当劳的曝光度。

在微博、微信等社交平台上聚集着大量的用户，这些用户也是麦当劳的目标消费者。为了扩大营销效果，除了降价、折扣等传统的营销方式外，麦当劳也十分重视借助社交媒体进行营销。例如，麦当劳曾在推出樱花口味冰激凌时，携手百度地图发起了一项"跑酷"抢甜筒活动，并在微博上广泛宣传，使得这次活动几天内在微博上获得超过7000万的阅读量和50万次的分享，并且登上了微博热搜榜，大大提高了新品的受关注度和销量。此外，在日常营销中，麦当劳也会借助微博发布新品、开展转发抽奖活动等，提高产品的知名度，进而吸引更多消费者。

此外，在短视频和直播火热的当下，麦当劳也积极入驻抖音、快手等短视频直播平台，在平台上发布新品并推出话题。2020年7月，为了给广大考生助力，麦当劳与快手合作推出"72小时满分叫醒"直播，邀请了30位快手达人，在直播间为高考的学生加油打气，提醒考生吃好早餐，为考试补充能量，并推出"全天早餐日"活动，全天供应"拿满分麦满分"早餐，如图1-2所示。

图 1-2　麦当劳"72 小时满分叫醒"活动

通过此次活动,麦当劳不仅传递出对于消费者的关心,拉近了与消费者的距离,也获得了更高的曝光度。

随着麦当劳在中国的深入发展,其本土化战略也在逐步更新,能够根据消费者接受信息方式和需求的变化创新产品和营销方式,更加深入消费者的生活,为消费者提供更贴心的服务。这是麦当劳能够在中国持续发展的重要原因。

麦当劳的发展也为其他跨国公司本土化战略的制定提供了借鉴经验:当企业所处的环境、发展阶段发生变化时,企业的本土化战略也要随之改变。

1.3.3　多种本土玩法,加深本土化战略深度

一些跨国公司在进入中国市场时制定了一些本土化策略,也进行了一些实践,但却没有取得理想的效果,于是便认为本土化无用,轻易放弃了本土化战略。事实上并不是本土化战略无用,而是这些跨国公司没有制定全面的本土化战略。**本土化战略并不意味着单一的产品**

本土化，而是包含多种玩法，只有将多种本土化玩法结合到一起，共同推进，加深本土化战略深度，才会取得更好的本土化效果。

Airbnb是知名的全球民宿短租平台，致力于为广大用户提供旅行及房屋租赁服务。官方数据显示，截至2020年6月，Airbnb的业务覆盖全球约200个国家，拥有超过600万个房源。同时，Airbnb在中国地区的业务也一路高歌猛进，大获发展，而其在中国的成功离不开其本土化战略的制定和实施。

进入中国后，Airbnb发布了中文名"爱彼迎"，寓意"让爱彼此相迎"，以中文名称加深中国消费者的认知。随后，Airbnb任命面包旅行的创始人彭韬为中国区总裁，使中国区负责人走向本土化。此外，Airbnb还在中国组建了一支多元化的团队，涉及营销、产品、数据、运营等诸多方面，由本土化的管理者进行管理。

除了以上举措外，Airbnb还通过3个方面深化本土化战略，打造中国专属的"爱彼迎"。

（1）产品本土化

在产品设计方面，爱彼迎App经过了多次改版，以迎合中国消费者的需求。彭涛曾表示：中国用户在打开一个产品首页时都期待有一个引导，希望页面内容很丰富；而海外或者典型的硅谷App界面都比较干净，以搜索来带动需求，默认大家很清楚自己的需求。这就是一个非常大的差异。

针对这一需求差异，爱彼迎在界面上设置了诸多类型的房源推荐，如"可以做饭""整个房源""特惠房源"等，以及多种体验活动，给用户更多样的选择，如图1-3所示。

图 1-3 爱彼迎 App 界面

在产品运营方面，爱彼迎推出了"房东主页"，以便房东自定义房源展示方式，实现房源推广。同时，爱彼迎还推出了多样的营销活动，以满足中国消费者追求实惠的心理，为用户提供高性价比的房源。此外，爱彼迎上线了微信支付和支付宝支付，以迎合中国消费者的支付习惯，并开通了微信小程序，为中国微信用户的分享、消费提供支持。

（2）市场客源下沉

当前，中国城市化进程不断加快，交通设施不断完善，城市间的往来越来越便捷。同时，中国消费者出行的需求不断升级，出行的差异化也越来越明显，"个性化出行"成为众多消费者的标签。在这两方面的影响下，爱彼迎的房源开始下沉到二三线城市，以满足消费者对于旅游选择多样性及个性化体验的需求。

（3）加强社区运营，为用户提供更好的体验

Airbnb 十分重视社区理念，这体现在住宿、体验、餐饮、社交等诸多方面。在 Airbnb 网站中，每一个房源都有一个小故事，通过讲述故事，Airbnb 倡导了一种随时随地记录生活、分享体验的理念，形成了故事社区，具有文艺的内容调性。

在中国，爱彼迎加强了社区运营。一方面创立了"爱彼迎房东学院"，服务于房东社群，帮助房东学习实用技巧并改进服务，提升房源品质并增进收入；另一方面推出房源优选，上线更多优质房源。

在拓展中国市场的过程中，许多跨国公司都曾遇到过市场"壁垒"，或经营不善退出中国市场，或经过多方尝试依旧难以进入。而 Airbnb 却通过制定本土化的经营战略在中国市场成功立足。Airbnb 的战略实践充分表示，跨国公司在进入中国时，需要充分调研中国消费者的需求，并结合自身的业务调整战略。战略要因地制宜，既要一脉传承，又要灵活应变。

当然，Airbnb 在中国的运营是否成功？这个问题仁者见仁，智者见智。因为对于**像 Airbnb（或 LinkedIn）这样的硅谷互联网公司而言，其在中国的发展与传统企业在中国的发展不同，面临着很多其他挑战。这些挑战涉及到总部授权、架构设计、人才选育、数据治理与合规要求等诸多方面，使其不能专心"练内功"**。这里先不展开，后面几章会有所涉及。硅谷高科技公司如何在中国更好地经营，着实是一个谜一样的难题。

MANAGEMENT OF
MULTINATIONAL CORPORATIONS
IN CHINA

第 2 章
人力资源管理本土化：启用本土人才

2.1 国外人才 vs 本土人才
2.2 人力资源本土化的重要举措
2.3 本土人才的留任：激励与发展双管齐下

实施本土化战略是跨国公司在其他市场发展、扩张的重要战略，而人力资源的本土化是本土化战略的核心部分。跨国公司需要意识到本土人才在管理方面的优势，并在人才招聘、员工培训、绩效考核、薪酬管理等方面做出本土化的变革，最终建立起目标性更强、效率更高的本土化团队。

| 第 2 章　人力资源管理本土化：启用本土人才 |

2.1　国外人才 vs 本土人才

跨国公司在进入中国市场之初，往往会任用外籍人士作为企业的管理者。由于语言及文化差异，这些外籍管理者在与本土员工进行沟通时可能会出现诸多误会。外籍管理者由于缺少对中国市场和文化的认知，可能会做出错误的决策。因此，跨国公司有必要进行人力资源本土化变革，启用本土人才，发挥其在本土管理、决策等方面的优势。

2.1.1　沟通障碍：跨文化沟通是绕不过的"雷区"

不论是来自欧美的跨国公司，还是来自日韩的跨国公司，其传统文化都与中国的文化大不相同。不要认为已经是 21 世纪了，AI 都可以协助翻译了，文化差异想当然不是大问题。事实上，跨文化沟通协同仍在企业管理中面临巨大的挑战。以欧美跨国公司为例，其西方文明与中华文明在地缘上相距甚远，语言文化也大不相同，这使得双方在文化方面具有较大差异，从而形成沟通屏障。

从全球范围看，具备优秀的跨文化沟通能力的经理人仍然非常稀

缺。文化间的差异会形成外籍管理者与本土员工沟通的屏障，降低沟通的准确性和效率，这是任用外籍管理者管理本土员工的缺陷之一。

人和人在沟通的时候，会在大脑中对对方的话进行"解码"，而"解码"的依据就是自身的思维方式和行为规范。由于外籍管理者和本土员工所处的成长环境不同，接受的文化熏陶不同，因此沟通时的"解码"方式也不一致。在相互缺乏了解的情况下，沟通中的误解和伤害也是难免的。

另外，一些外籍管理者对本土员工存在一种文化刻板印象，即还未了解员工本人，就已为其贴上标签。这种陈旧的观念会影响外籍管理者对于本土员工的认知和判断。例如，一些外籍管理者认为本土员工缺乏创新能力，对其提出的意见和建议难以信任，这无疑会降低沟通的效率。

跨文化沟通的差异还表现在沟通方式上。例如，一些来自欧美地区的外籍管理者在沟通时往往喜欢直来直往，做到高效交换信息，高效解决问题。而中国本土员工更倾向于间接的沟通方式，尤其是在与上级沟通或存在不同观点时，往往会婉转地表达自己的想法，以维护相互之间的和谐关系。

这使得双方在沟通时会产生误解。例如，一位本土员工在会议上委婉地拒绝了外籍上级的提议，但并未理解这一间接表达的上级认为员工接受了他的提议，当员工没有按照提议完成工作时，上级就会认为员工不专业或者不诚信，但究其根源是双方存在误解。

跨文化沟通过程中表达不准确的问题不仅体现在口头语言方面，也体现在肢体语言方面。当人们在沟通时，除了口头语言表达之外，肢体语言也会传达大量的信息。但由于对彼此的不了解，着装、体态、表情、手势、距离等多方面的差异都可能引起误解。

由于以上种种原因，外籍管理者与本土员工的沟通存在诸多障碍，这些障碍不仅会降低沟通效率,也会成为拉近彼此关系的障碍,不利于团队凝聚力的形成。

2.1.2 认知不足:国外人才缺乏对区域市场和文化的认知

除沟通方面的障碍外,很多外籍管理者都缺乏对中国市场的认知,在做决策时过于依赖以往的管理经验,或者直接将国外成功的经营模式复制到中国。这样的管理方式存在巨大的风险,如果不根据市场变化及时做出决策,就会被市场抛弃。

在最初进入中国市场的十余年里,家乐福一度是中国超市的大赢家,其"大卖场"零售模式战胜了当时市场中的其他零售店。家乐福在品类管理、货架管理、卖场运营、定价策略、采购模型等方面都具有成熟且科学的模式,是当时的其他零售店所无法比拟的。

家乐福借助先进的模式和经营方法成功进入了中国市场,但这份辉煌却没有持续下去。随着中国电商浪潮的兴起,家乐福的"大卖场"零售模式大受冲击,但其却没有对电商模式引起足够的重视,也没有及时进行转型。

在销售额连年亏损后,家乐福意识到了电商的力量,开始在上海尝试运营电商,但此时已经错过了电商转型的最佳时期,市场中的许多超市都积极进行线上线下联动,参加双十一、"6·18"等各种购物节。在这样的环境下,家乐福的电商运营并没有吸引太多关注。

虽然家乐福在欧洲许多国家都发展得很好,也曾在中国市场遥遥领先,但最后却被中国新兴的"电商+新零售"模式甩在了后面。不论是进行营销还是进行管理,最基础的核心都是市场,但家乐福的管理者却忽视了对市场的调研和关注。在被苏宁收购之前，家乐福的国内核心领导人或区域总裁都是外籍管理者，管理团队中本土高管太少且几乎没有话语权。外籍管理者的确有先进的管理理念，但没有洞察市场变化，也没有针对市场变化及时进行转型，这反映出其缺乏对本土市场的深刻认知。

缺乏对中国市场的认知是很多外籍管理者都会存在的问题，即使外籍管理者十分重视中国市场，也愿意努力研究中国市场，但依然要付出较高的时间成本。而如果启用对中国市场有深入了解的本土人才，不仅能够顺利解决这一问题，还能够更快展开行动，提升决策效率。当然，**能够在充分信任的基础上，在领导层达成互补合作的跨文化管理是最理想的状态**，其既包括在海外总部服务的具有话语权的来自本土市场的高管模式，也包括由总部派驻本地市场的海外高管模式。两者适度结合，更能够有效兼顾总部战略与本土市场。

2.1.3　竞争优势：本土人才的天然优势

与外籍管理者相比，本土人才更具竞争优势。任用本土人才能够降低跨国公司的用人成本，提高团队的工作效率，其优势主要表现在以下几个方面。

（1）解决人力资源不足的问题

对于跨国公司而言，在进入中国市场时，为了满足新市场的开发需求，往往需要大量高素质的人才，但跨国公司在本地的人力资源通常是短缺的，如果单纯通过人员外派来满足这种经营需求，则会对跨国公司的人力资源管理造成沉重的压力。而任用本土人才能够很好地解决这一问题，中国丰富的人力资源可以弥补跨国公司外派人员不足的欠缺。

（2）降低用人成本

许多跨国公司在进入中国市场时都会向本地派驻人员，尤其是高层管理人员，但是高层管理人员的外派薪酬、福利和其他费用成本比较高昂，而任用本土人才则恰好解决了这一问题。通常，在外派管理人员时，跨国公司不但要在人员选聘、培训方面投入大量经费，同时还要支付其比在本国工作更高的津贴。而直接聘用本土人才，一方面可以避免以上支出，另一方面跨国公司也可以根据本土市场的薪资水平，适当调整本地企业的薪资水平，以降低用人成本。

（3）减少文化冲突

跨国公司在进入中国市场之后，往往难以避免母国文化与中国文化的冲突，这会给跨国公司的经营带来很多不利影响。如果跨国公司能够解决这种文化冲突，就能更好地熟悉中国市场和文化，与中国的消费者进行更好的沟通，取得消费者的文化认同。而任用本土人才能够使企业更好地融入中国的环境，减少因文化差异而产生的冲突，能最大限度地消除文化上的隔阂。同时，本土人才更加熟悉中国的法律制度、市场需求和劳动力的供应状况，能够更顺利地与政府部门、客户、员工等进行沟通，从而提高解决问题的效率。

（4）保持人员稳定

一般情况下，如果将外籍管理者派往中国工作，由于文化差异或家庭原因等不稳定因素，外籍管理者在中国的管理事业通常是不太稳定的，并且容易因工作地点的不稳定而产生一些管理方面的短期行为。而任用本土人才则能够有效避免管理者的频繁更换，从而形成更加高效、稳定的团队，保持企业经营决策的持续性和稳定性。

基于以上种种优势，很多跨国公司都会实施人才本土化战略，任用本土人才。本土化的员工队伍及管理人才更能了解中国消费者的需求，更能帮助企业将自身的经营运作融入当地环境中，为企业在中国的发展奠定基础。

2.2 人力资源本土化的重要举措

人力资源本土化涉及诸多方面，跨国公司需要从人才招聘、员工培训、薪酬管理等多方面入手，深化人力资源本土化改革。跨国公司不仅要吸收本土人才，更要根据本土人才的特点制定合理的管理方案。

2.2.1 人才招聘：吸收本土人才

招聘是人力资源管理的重要内容，许多跨国公司在招聘中都存在问题，主要表现在以下几个方面。

（1）招聘团队存在主观倾向

对于很多跨国公司而言，其亚太地区的招聘（Talent Acquisition）

第 2 章　人力资源管理本土化：启用本土人才

团队或猎头（Head Hunter）团队的基地往往在东京、新加坡等地，团队成员多为外籍人士，他们对中国的市场可能会有一定的观察和了解，但本身文化和市场的差异让他们在招聘方面更倾向于相信自己在原生市场中总结的经验或以往成功的招聘策略，而这些往往并不适用于中国市场。这样一来，招聘的最起始环节就可能跑偏。**有些看似不经意的偏差，会给未来企业管理和关键决策留下隐患。所以招聘团队本身就是重中之重，需要花大力气打造的"核心部件"。否则，招聘团队自身可能会成为"上梁不正下梁歪"中的"最上面的一道房梁"**。

（2）高管层缺乏本土人才

很多跨国公司都存在这样一种现象，即企业中的本土员工比例较高，但区域总裁、各部门总监等高管层中的本土人才并不多。这一方面会增加企业的用工成本，另一方面也会使本土员工在企业中的晋升存在无形的障碍，容易造成人力资源的流失。

高管团队的本土人才以"选对人"为最高标准。对于一家跨国公司而言，难点是在正确的时间点，从正确的行业中，选出正确的本土领导者。这其中总部的选择标准一定是"文化和价值观融入""正确的技能组合""实践证明的成功经验""对所在行业本土经营的深入理解""有效的跨文化沟通能力"等。能够满足所有维度的候选人有限，特别是在像互联网这样的特殊行业中更是难上加难。当这几个维度难以有交集时，跨国公司总部往往会忽视或牺牲后两个维度，何况后两个维度是总部团队不好理解和量化的。

（3）招聘的优化受总部的制约

中国的经济发展迅速，人才争夺成为各企业竞争的一大"阵地"。这要求企业必须紧跟经济发展的步伐，及时调整招聘策略，使用新的招聘手段。

跨国公司总部通常有一套完整的招聘流程，能帮助其在中国的子公司快速建立招聘体系，但同时也形成了制约。许多跨国公司历史悠久，体量庞大，招聘流程操作复杂，不易变化，难以适应中国地域广、变化快的市场情况。许多跨国公司还强调系统性操作，要求其子公司按照总部的流程。因此，子公司招聘的优化必须和总部反复沟通，不仅降低了优化效率，也在平衡总部要求和本地需求中付出了大量精力，难以做到随机应变、快速调整。

针对以上问题，跨国公司可以采取以下解决措施。

首先，跨国公司要做好招聘团队的本土化，以本地市场为基础，招聘本土人才，搭建本土化招聘团队，这能够避免外籍招聘团队存在的主观倾向问题。同时，本土化的招聘团队能够基于对企业需求及本地人才市场的分析，制定更具针对性的招聘策略，为企业招聘到更符合需求的本土人才。这里尤其需要注意，对于准备用同一个招聘团队招聘若干海外市场高管的做法，跨国公司要谨慎选择，也要选择恰当的时机授权给招聘团队。**在时间允许的情况下，可由总部猎头团队招聘本土猎头团队，再由本土猎头团队招聘本土团队，是最为细腻、成熟的方式。反之，由总部或区域总部猎头团队直接招聘海外职能团队负责人或成员的风险较高，这个过程中往往会扩大非本土化考量。用新加坡的尺子量上海，用硅谷的尺子量中关村，用华盛顿的尺子量北京，**

往往为本土经营的水土不服埋下伏笔。

其次，跨国公司需要加大高管层的本土化比例，以便更好地发挥本土人才的优势，降低企业的用工成本。同时，任用本土人才作为企业高管也能够帮助企业更好地适应市场环境，在中国的文化环境下更好地经营与发展。

再次，跨国公司需要优化招聘流程。对于跨国公司而言，总部的人力资源工作应统筹、指导子公司人力资源工作的开展，而不是通过僵硬的流程限制子公司人力资源工作的有效进行。因此，跨国公司应根据中国市场的实际情况，灵活优化招聘流程，提高招聘效率，降低招聘成本。

最后，跨国公司需要充分挖掘企业内部人力资源。跨国公司需要注意到企业内部蕴含的人力资源，通过内部推荐、内部招聘等途径挖掘企业潜在的人力资源。跨国公司可以推出内部人才推荐奖励办法，鼓励员工向企业推荐人才。同时，当企业出现职位空缺时，也要优先考虑内部人才，通过公开、公平、公正的竞争机制，充分挖掘企业内部人力资源。这不仅可以降低招聘成本，提高招聘效率，还可以挖掘员工潜能，提高员工忠诚度。

2.2.2　员工培训：拒绝本土员工培训的"文化盲区"

员工培训是跨国公司人力资源管理的重要工作，为了加强员工对企业的了解、企业文化的认同，让员工更好地适应岗位要求，许多跨国公司都会对员工进行培训。但在这方面，**很多跨国公司往往会掉入一个陷阱，即文化差异的盲区，完全按照跨国公司总部的议题培训本土员工，但事实上有些策略和技巧并不实用，或者有悖于本土文化，**

不利于在本土市场开展工作，甚至成为阻碍，分散本该聚焦的精力和资源。

为了解决这一问题，跨国公司需要有针对性地对本土员工进行培训，以本土化思路制定培训方案、搭建培训体系，保证员工能够学以致用，切实推动跨国公司在中国的发展。

作为世界著名移动通信设备商，爱立信的业务覆盖了180多个国家和地区，其也早早进入中国市场并获得了长远的发展。其中，培训是爱立信在中国立足的基础。爱立信在中国成立了爱立信中国学院，除了推进其与中国通信业的合作外，该学院的另一重要任务就是对本土人才进行培训，提高爱立信的人才本土化水平。爱立信中国学院院长马晋红曾表示："我们需要有一条思路和培训体系，以满足中国公司的发展，提高本土化进程。"

爱立信中国学院通过有针对性地为员工提供终身学习的机会，营造了一个适合员工发展的学习环境，成为本地人才的培育基地。同时，爱立信中国学院开办了多样的课程，包括各种短期培训课程、讲座及论坛等，培训内容涉及新员工培训、对国内外不同文化的培训、岗位变化后的培训等，对本地人才的培育起到重要作用。

作为典型的北欧公司，爱立信对本土员工的培训并没有完全照搬国外模式。爱立信中国学院所教授的课程除了包括从国外引进的课程外，还会与中国的一些大学合作。其与中国10余所大学及多家国外院校合作，开设了工商管理、市场营销等超过20门课程，形成了包含技术和工商管理的综合培训体系，打破了传统技术培训的范畴。

爱立信作为一个"百年老店"，要想保持发展，很重要的一点就是不断提高员工的整体素质。爱立信中国学院十分重视对员工创新思维的培养，其并没有开设专门的思维课程，而是通过情景式的教育环境培养员工的创新思维。

在员工培训方面，爱立信中国学院提供各种有利于本地人才培育的课程，而人力资源部门与其分开运作，负责内部沟通和管理方面的工作，通过刊物、各种灵活的课件、网络等在企业内部传递培训信息，从整体上提升企业的凝聚力。

爱立信对员工的培训为其他跨国公司的本土化培训提供了良好范例，其不仅树立了本土化培训的意识，搭建了完善的培训体系，还注重在与国内外院校合作过程中强化不同文化的培训等，从而规避或缩小"文化盲区"。这使得其对员工的培训能够"满足中国业务的发展，提高本土化进程"。

2.2.3 薪酬管理：对内体现公平性，对外展现竞争力

薪酬是跨国公司吸引人才、留住人才的重要因素，一些跨国公司难以吸引人才、留住人才，原因就在于薪酬管理不当，薪酬体系对内不公平，对外也不具备竞争力。

一方面，一些企业中存在"同工不同酬"的现象，**即使在企业内担任同样的职务，跨国公司母国人才或其他国家的人才的薪酬待遇也会明显高于本土人才，这容易使本土人才产生不平衡感，打击其工作的积极性，最终导致人才流失。**另外，一些跨国公司对于不同国家人才的奖励也没有做到一视同仁，这也加剧了薪酬体系的不公平性。

另一方面，**中国互联网和新兴行业薪酬水平高涨且"互联网＋"跨界吸收各传统行业优秀人才，加之其发展速度普遍高于传统经济体。**

高科技行业从业者的薪酬涨幅普遍高于其他行业。不掌握这样的一手的、实时更新的数据和情况，会导致薪酬体系与实际情况脱节，人员在进行人才招聘和留存工作时对市场不敏感，最终导致人才流失。

因此，对于跨国公司而言，要想做好薪酬管理，使其持续具有对本土人才的吸引力和激励作用，就要使薪酬体系对内体现公平性，对外展现竞争力。

一方面，跨国公司需要在不同国籍人才的薪酬待遇上体现公平性，使担任同类职务或相同岗位的不同国籍的人才，享有同样的薪酬待遇。同时，跨国公司在设置各种奖励时也应做到一视同仁，只要人才的工作表现或成果达到了奖励标准，无论其来自哪个国家，都会获得与其他国家人才相同的奖励。

此外，针对本土人才，跨国公司还应根据相关法律和政策，为其购买必要的社会保险并建立具有本土特色的福利制度。如在中国的法定节假日为本土人才提供现金或实物福利，或者根据员工需要提供午餐补助、交通补助、生日红包、旅游等多样的福利。总之，作为薪酬体系中重要组成部分的社会保险和福利应充分体现中国的文化理念。

另一方面，跨国公司要确定具有本土竞争力的薪酬水平，设计合理的薪酬体系，同时保证这一薪酬体系能够随市场行情的变化而变化，始终保持市场竞争力。

跨国公司需要对区域市场的薪酬水平进行调查，包括区域市场的平均薪酬水平，国内同行业其他企业的薪酬水平等，再根据调查结果结合本企业的企业文化、人员结构等具体情况，设计具有本土竞争力的薪酬体系。其中，薪酬等级的确定应以职务的相对价值为依据，薪酬结构应符合职务工作性质的要求，以便更好地利用薪酬所得合理地回报人才的工作付出。

同时，互联网和一些新兴行业的薪酬涨幅较高，市场中的薪酬水平也在不断变化，为了能够及时调整自身薪酬体系，保持薪酬体系的竞争力，跨国公司需要持续关注市场变化，通过各种途径了解实时更新的各种数据和情况。主要途径如下。

① 政府保障部门会定期发布全国或某一地区的行业薪酬情况，这些内容可作为跨国公司的参考。

② 跨国公司可以购买专业咨询机构的薪酬水平报告来进行薪酬调查。

③ 跨国公司可以通过招聘网站了解同行业企业、本企业同岗位的薪酬水平。

④ 跨国公司可通过招聘面试时与应聘者的沟通了解其他企业的薪酬水平，或者根据应聘者的薪酬要求分析市场薪酬情况。

跨国公司可根据以上途径了解市场薪酬水平及变化，并据此调整自身的薪酬体系。此外，对于市场薪酬水平的调查和薪酬体系的调整是一个动态持续的过程，是跨国公司需要长期进行的一项工作。因此跨国公司需要持续收集、整理市场薪酬数据，预测薪酬变动的趋势，并及时进行薪酬体系调整，使企业的薪酬水平始终处于市场薪酬水平之上。

2.2.4 多方发力，完善人力资源本土化战略

对于跨国公司而言，仅招聘本土人才或仅对员工进行本土化培训是很难取得成效的。**跨国公司应综合考虑人才招聘、员工培训、薪酬**

管理等多个方面，设计完善的人力资源本土化战略。在多方协同的作用下，人力资源本土化才能够取得更大成效。

SMOM 公司是法国的一家汽车模具公司，在进入中国市场之后，其深知在研发、生产及营销等方面的本土化必须通过人力资源本土化战略来实现，因此在多方面推行了人力资源本土化战略。

（1）招聘倾向于本地人才

SMOM 公司进入中国市场之后，在武汉成立了合资企业，武汉也是其人才招聘的主要阵地。在招聘高层管理人员时，公司倾向于选择在武汉生活的外籍人员以及曾留学国外、有多年国外工作经历的本地人才。在招聘中层管理人员时，公司也会注重招聘本地人才，会优先聘用武汉知名学校毕业的应聘者，同时会关注其是否有在大型跨国公司工作的经验。

（2）注重本土化培训

SMOM 公司会对本地员工进行内部培训和外部培训。内部培训即对公司理念、专业知识及技能方面的定期培训。SMOM 公司会从本土员工工作中出现的问题入手，制定有针对性的培训课程。同时 SMOM 公司还借鉴了一些本土化的培训方法，如为员工提供跨部门工作的机会，通过工作轮换法来提高员工的工作能力。外部培训即为员工提供一个学习深造的机会，例如工作满一年的员工就可以申请培训基金，用以支付自己不脱产学习培训的费用；公司会为优秀员工提供派遣国外学习的机会等。

（3）薪酬绩效融合本土元素

SMOM 公司每年对员工进行年中、年末两次绩效考核，其中，绩效考核目标和执行计划的制定都会充分体现员工的意愿。同时，考核指标除了可量化的业绩指标外，还包括员工自评及同事互评。考核制度中融入了中国文化中重视德、勤的元素。

在薪酬方面，SMOM 公司在确定薪酬水平、设计薪酬结构时，借鉴了中国本土同类企业的做法，使薪酬管理实现本土化。SMOM 公司的薪酬包括工资、奖金、保险、福利等几个部分。

SMOM 公司会根据政府规定并结合本地水平为员工办理社会保险及补充商业保险。员工享受"四金"，工作满一年后享受补偿公积金。同时，SMOM 公司会在春节、元旦、中秋节等节日之际向员工发放相应的现金福利，以此表现其对中国文化及本土员工的尊重。

人力资源本土化是一种跨文化管理，SMOM 公司的人力资源本土化战略体现了一种"融合模式"，致力于通过本土化战略的实施，将企业顺利融入本土市场。而公司的人力资源本土化策略完善，实施情况良好，员工稳定、流失率低，也是 SMOM 公司在中国稳定发展的原因。

2.3 本土人才的留任：激励与发展双管齐下

"留人"是人力资源管理的重要环节，跨国公司不仅要注重吸引本土人才，更要留住本土人才。一些跨国公司只简单地以高薪留任本土人才，但往往并不见成效，原因就在于要留住优秀人才，高薪是基本条件，但不是唯一条件。要想留住人才，跨国公司就需要设计好完整的事业发展阶梯，满足人才自我成长的需求。

2.3.1 打破晋升天花板，打通晋升通道

很多跨国公司都存在这样一种现象：企业能够以优厚的薪酬吸引本土人才加入，却难以将人才长久留住。其原因表现在以下两个方面。

一方面，本地人才在跨国公司中存在晋升"天花板"，往往晋升到一定职位之后就再无晋升的希望；另一方面，相比于本土企业存在的横向拓展机会，很多跨国公司都只有狭窄的纵向发展机会。这些都成为本土人才留任的阻碍。

同时，由于跨国公司的架构设置以及海外汇报线关系的影响，很多公司难以有效培养综合人才、培养自己在中国的总经理或CEO，多数依靠外聘。相对应的，跨国公司在中国的组织中可以很好地培养某一领域的专才，有深度、有高度，但是缺乏广度。这种情况最终导致跨国公司留不住（或培养不出）有战斗力的综合型选手，留下的都是"理论型""洋范儿"的专家，导致企业内部空间小、格局小，各方人才不能有效联动，在一定程度上功能线松散而难以协同，进而导致企业内耗和做无用功。而具有综合能力和创造力的全面型选手在这种架构中很难获得施展的机会，长久下来或是潜能被抑制、安于现状，或是选择到能够发挥创造力的本土企业工作。

因此，要想留住本土人才，提高企业的运转效率，跨国公司就需要打破企业内部晋升的"天花板"，打通本土人才晋升的通道。

第 2 章 人力资源管理本土化：启用本土人才

作为在中国深耕多年的知名跨国公司，麦当劳以完善的晋升制度留住了本土人才，推动了企业在中国的发展。

麦当劳实施的是一种快速晋升的制度，并且晋升机制公平公正，任何有能力的本土人才都能够通过自己的努力实现晋升，其晋升机制如下。

① 实习助理：实习助理以普通班组成员的身份深入公司各基层岗位，如炸薯条、收款等，学习保持清洁和最佳服务的方法，以此积累管理经验，为日后的工作做准备。

② 二级助理：升为二级助理的员工在每天规定的一段时间内负责餐厅工作，同时负责一部分管理工作，如订货、排班、统计等。员工可以在小范围内展示自己的管理才能，并在实践中积累经验。

③ 一级助理：一级助理是经理的左膀右臂，这时员工肩负的责任也更多、更重要，需要在餐厅中独当一面，不断提高自己的管理能力。

④ 餐厅经理：一级助理通过晋升可成为餐厅经理，此时他需要统筹整个餐厅的经营，制订餐厅的整体计划。

麦当劳没有其他跨国公司普遍存在的晋升"天花板"，本土人才在成为餐厅经理后，麦当劳仍为其提供广阔的发展空间。优秀的餐厅经理可以晋升为监督管理员，负责三四家餐厅的工作。监督管理员再向上晋升就会成为地区顾问，这时，本土人才将成为麦当劳派驻下属企业的代表，往返于麦当劳与各下属企业之间，负责沟通信息。同时，地区顾问还肩负着组织培训、提供建议等重要使命，成为麦当劳在某地区的全权代表。此外，表现良好的地区顾问仍然会得到晋升。

除了为本地人才提供广阔的纵向发展机会之外，麦当劳也注重人才的横向发展。其个人发展系统就像一棵圣诞树而非传统跨国公司中的"金字塔"。

在传统跨国公司的职位设置中，最高一层是企业的最高管理层，如董事长、总裁等；然后是高层管理人员，如产品部门总经理、地区总经理等；其下是中层管理人员；最下面是广大基层员工。

这样的职位设置无异于一个"金字塔"，越向上路越窄，即使本土人才有纵向发展的机会，也会面临激烈的竞争，这也在很大程度上导致了本土人才的流失。而麦当劳的职位系统如同一棵圣诞树，核心管理层就像树根，为众多树干、树枝提供根基，只要本土人才有能力，就可以向上成为一个分枝，甚至发展成树干。对于本土人才而言，只要有能力，永远有机会。

麦当劳无疑打破了本土人才晋升的"天花板"，打通了人才晋升的渠道，让本土人才可以充分发挥自己的才能，获得合适的岗位并不断提升。基于此，麦当劳实现了本土人才的留任。

跨国公司需要学习麦当劳在人才晋升方面的成功经验，制定完善的、能够实现本土人才纵向发展和横向发展的晋升机制。这不仅能够激励人才进步、降低人才流失率，还能够缓解企业的人才招聘压力，推动企业的快速发展。

2.3.2 依据企业战略储备本土人才

许多跨国公司都会依据现有人才情况建立后备人才梯队，以此储备本土人才，其重要性主要表现在以下几个方面。

（1）保证关键岗位人才的持续供给

关键岗位人才掌握着核心技术，能够指导企业运营，对各项事宜进行管理，在跨国公司的生产经营中具有重要作用。关键岗位人才可能会由于升职、退休等原因离职，导致岗位空缺。而建立好后备人才梯队，能够确保关键岗位人才的持续供给，避免因为关键岗位人才空缺带来的消极影响。

（2）优化跨国公司的人力资源结构

随着社会的进步和科技的发展，跨国公司员工在发展过程中需要的知识技能也在不断更新。而某些跨国公司中的一些关键岗位的员工可能没有持续学习，难以继续胜任工作，这时后备人才梯队能够较好地解决这个问题。跨国公司可以对后备人才进行选拔，选择具有任职资格的人才，将其补充到关键岗位上，不断更新岗位任职人员，使企业内的人力资源结构日益完善。

（3）激励员工不断进步

建立后备人才梯队涉及完善的后备人才管理体系，包括为后备人才设计科学的职业生涯规划，能够使后备人才明确自身发展方向，并且能够通过职业生涯发展通道实现晋升。这能鼓舞本土员工士气，促使企业和员工共同成长。

后备人才梯队对于本土人才的留任及跨国公司的发展十分重要，但其建设却并不容易，原因就在于可储备的本土人才十分稀缺。不同的跨国公司对于本土人才的选择有不同的标准，但总体而言，其通常会选择以下几类本土人才。

① 第一类是在中国多年的外籍"中国通"，他们对中国市场十分了解，同时在文化、观念等方面与欧美更加接近。他们能够实现与本

土员工的无障碍沟通，同时基于其对跨国公司文化的了解和认同，其也具备与跨国公司总部沟通和协调的能力。

② 第二类是在中国本土经过时间和经验检验过的、具有跨文化沟通能力的职业经理人，他们已经在中国市场摸爬滚打多年，对中国市场有深入的了解，同时能够无阻碍地实现跨文化沟通，但是在企业文化、管理方式方面可能与跨国公司存在一些差异。

③ 第三类是留学归来但有本土公司工作经验的经理人，他们更易于理解跨国公司总部战略，沟通有优势，同时对本土文化也比较了解。但其缺陷是往往对中国市场的认识不够深入，甚至有一些对本土市场的"自以为是"的误解，这一点往往会给企业和管理带来麻烦。

④ 第四类是海外华人，他们也许中文流利，能够很好地实现与本土员工的沟通，对跨国公司的文化及管理方式也比较了解。但其在对于中国市场的了解方面，还需要长时间的积累。需要知道，"能够流利讲中文的华人"与"懂得中国市场"是两码事。

基于以上原因，跨国公司在选择本土人才时的优先级排序一般为：在中国多年的外籍"中国通" > 本土经过时间和经验检验过的、具有跨文化沟通能力的职业经理人 > 留学归来经理人 > 海外华人。

同时，**在本土人才的选择中存在一种困境，即对于本土人才而言，对本土市场理解的深度和与跨国公司总部沟通和协调的能力，两者往往不可兼得**。两者都具备的高水平的人才少之又少。因此，在建立后备人才梯队时，跨国公司除了需要按照以上方法选择合适的本土人才外，还需要培养好本土人才，以发挥其更大价值。

在建设后备人才梯队、储备本土人才方面，IBM 为其他跨国公司做出了良好示范。IBM 的后备力量主要是从两个方面进行准备的，一方面是从员工队伍中挑选出 15%～20% 的表现优秀的人才进行培养，另一方面是建立领导梯队，以此确定每一个关键岗位的接班人，有针对性地对其制订培养计划。

IBM 在选拔要培养的人才时，会从业务需求出发，通过对人才需求的调查，访问各部门的总经理，了解他们未来的业务计划和对未来人才的计划和需求。同时，IBM 中由高级经理和技术人员组成的委员会也会对关键岗位的候选人进行评估。

由于接班人的成长与经理自己的职位和未来有着直接关系，所以经理会尽力培养他们的接班人，IBM 还要求一些管理岗位的员工将培养手下员工作为自己业绩的一部分，而每一个主管级以上的员工上任的时候，还会有一个硬性指标，即确定自己的职位在一两年后由谁接任或突然离开之后谁可以接任，以此来挖掘有才能的员工。

IBM 对于本土人才的选拔和培养以及领导梯队的建立，不仅能够持续为企业补给人才，也有利于本土人才的成长，提高其对于企业的忠诚度，实现本土人才的留任和储备。

2.3.3　注重发展：给本土人才一个留下的理由

对于跨国公司而言，除了需要在有限的时间内对招募到的本土人才进行培训，使其尽快熟悉本地市场、企业文化之外，还需要想办法将这些人才留在公司。只有这样，跨国公司在与其他企业进行竞争时才会有充足的人才保障。为此，**跨国公司需要明确本土人才的发展需求，推动和重视人才发展工作，建立完善的人才发展体系**。

在本土人才的任留方面,通用电气在实践过程中找到了解决之道，方法就是在培养本土人才方面花费更多的时间，给本土人才一个留下的理由。

通用电气始终都十分重视对人才的培养，公司平均每年都会在这方面花费超过10亿美元。这些资金一方面会用在对人才各式各样的培训课程上，另一方面会用在专门负责人才培训的团队上。针对中国市场，通用电气为了能够确保人才储备业务得到迅速发展，除了在企业内部大力引进全球性培训计划之外，还特别针对中国本土人才制订了一套培养计划。

具体来说，在教育体制的作用下，中国校园课堂采取的主要模式是老师讲、学生听这一教学模式，虽然可以在短时间内向学生传递更多信息，但在一定程度上减少了学生对于问题主动进行思考以及解决的机会。这使得其在工作当中往往存在执行能力强、战略思维差的问题。

针对这一问题，通用电气找到了解决策略。其在培训本土人才的培训课程上安排大量关于提高沟通能力、树立创新理念方面的课程，同时会让学生在课堂上做演讲，以便强化学生的沟通能力。学生的演讲表现是老师判断该学生是否合格的主要因素。

除了课堂培训之外，通用电气还为本土人才安排了实践性更强的长期培训计划，只要能够通过公司的考试就可以参加。另外，通用电气还特别注意因材施教，会根据人才的优势以及志向为其安排合适的培养计划，如设计针对财务人员的FMP（financial management program，财务管理培训）项目、培养人力资源管理的HRLP（human resources leadership program，人力资源领导力计划）项目。

对于留住人才这一问题，通用电气通过分析员工的离职原因，找到相似之处，并据此提出了解决策略，具体如下。

第 2 章　人力资源管理本土化：启用本土人才

第一，为人才留有足够的发展空间。目前，通用电气集团在中国的业务涉猎十分广泛，涵盖了从能源、照明、塑料、医疗到飞机发动机等数十种业务，员工多达数万人。丰富的就业种类可为本土人才提供充足的选择机会。与此同时，公司管理层也鼓励人才的内部流动及提升。

第二，采用多种、多层次的人才培养方式。高层次的培训是留住人才的一项重要手段。通用电气仅关于领导力方面的培训就分为五个层次，其中，最高层次的三种领导力培训都需要在美国总部完成。目前，通用电气已将越来越多的本土人才送往总部接受培训。

经过长久的努力，通用电气培养了越来越多的本土人才，并将其安排在了合适的管理岗位上，推动了通用电气在中国的人才本土化进程。同时，随着通用电气将越来越多业务的亚洲区总部搬往中国，也为本土人才提供了更多的就业机会，让其看到了更大的舞台。

通用电气为人才留有足够的发展空间并注重人才的高层次培养，为本土人才的留任提供了充足的理由。在通用电气，本土人才能够通过多样的培训获得提升，也有足够的发展空间实现自我价值，这些都大大提高了本土人才对于企业的忠诚度。

MANAGEMENT OF
MULTINATIONAL CORPORATIONS
IN CHINA

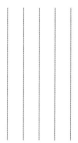

第 3 章
组织架构变革：决策适应区域市场

3.1 僵硬的传统决策模式
3.2 组织架构本土化

在组织架构方面,许多跨国公司存在的弊病表现在决策层级很多,区域管理者没有决策权,许多问题都需要层层上报,加之每一层级的管理者可能来自不同国家,对发生问题的地区缺乏了解,因此容易做出错误决策,同时,这样的决策方式也降低了决策效率,进一步加大了决策风险。

| 第 3 章　组织架构变革：决策适应区域市场 |

3.1　僵硬的传统决策模式

当前，受国际管理理念的影响，一种交叉、双向的管理模式在越来越多的跨国公司中开始运用，这就是矩阵式管理。**矩阵式管理架构能够实现人力、设备等资源在不同业务间的灵活分配，使组织能够灵活适应不断变化的外界需求。**但一些跨国公司在采用矩阵式管理架构时过于僵硬，不同层级管理者的文化差异和沟通障碍，以及层层汇报的复杂架构都造成了管理的决策风险和效率风险。

3.1.1　对本土市场缺乏认知和沟通不畅引发决策双风险

许多跨国公司采取的都是一种矩阵式的组织架构，在这种架构下，中国区的总裁需要向亚太区总裁汇报，亚太区总裁向负责亚太区事务的总部副总裁汇报。除了负责亚太区的事务，该副总裁可能还负责其他大区或功能板块的事务，并直接向全球 CEO 汇报。全球 CEO 管辖各个大区的副总裁。

对于一些欧美企业而言，企业的全球 CEO 来自欧美地区，亚太区总裁来自东南亚或日本地区,中国区总裁可能是总部外派的外籍高管。跨国公司中常见的四级管理架构如图 3-1 所示。

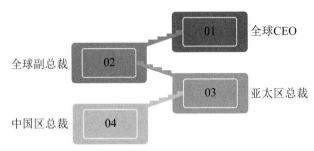

图 3-1　跨国公司中常见的四级管理架构

关于中国市场的重大决策,可能就在这样四级对中国市场并不了解的管理架构中做出。这使得决策往往与市场脱节,无法切实解决问题或者引发更大的问题。如果跨国公司的亚太区总部设在中国之外的地区,事情可能会更加糟糕。这也是许多跨国公司即便在中国曾经获得过非常好的发展机会,但最终却因决策失误而导致机会溜走的重要原因。

同时,由于跨国公司中的基层员工为本土员工,中层及高层的管理者为来自不同国家的外籍管理者,其在沟通过程中也存在诸多问题,突出表现为组织设计、发展和决策的有效性问题。

在时间的安排上,由于不同层级的人身处不同时区,其在沟通时间的选择上就十分受限。如果本土员工的上级在美国西海岸,那么双方之间的沟通往往定在清晨或傍晚。在召开集体会议时,如果参会人员涉及身处美国、德国的管理者以及中国的本土员工,那么会议时间往往是中国时间晚上 11 点到凌晨 1 点,这样才能配合欧美同事的工作时间。这是跨国公司运营中普遍会遇到的时区的"不可能三角(impossible triangle)"问题。

第 3 章 组织架构变革：决策适应区域市场

需要观察的是，中国的讨论和会议是不是都安排在不友好时间，与之相关的就是中国事务的优先级问题。这与跨国公司的中国战略密切相关。因为在制定中国战略时，总部往往是雄心勃勃的，但当执行时，中国事务往往会被一再降级。这里还需要考虑**中国战略的制定者往往是非常核心的总部领导者，而日后执行的人员分布在各层，并不理解相关战略的重要性**。此外人员更替也会让中国战略逐渐模糊，很难一以贯之。所以这里时差问题是时间安排问题，也能够反映出组织对中国市场的重视程度。

当然，在细节方面，也由于时区的原因，会议时间往往不会很长，这使得很多问题得不到充分的讨论，再加上语言障碍，沟通的效率又进一步降低。此外，各层级管理者和本土员工身处不同的地域，双方当面沟通的机会很少，几乎只依靠邮件或电话进行沟通，双方之间的性格磨合以及工作讨论都通过电话完成。由于管理者处于居高临下的位置，往往会影响沟通的质量。如果管理者固执又存在偏见，那么其可能会做出错误的决策，给组织带来风险。

3.1.2 效率风险：层层汇报，降低决策效率

许多跨国公司采取的是一种矩阵式的组织架构，其包括两个管理系统，分别是区域管理系统和职能管理系统。在组织架构上，区域总裁是区域职位最高的管理者，但其往往只统管一个部门，区域内的其他部门仍以其职能划分分别向对应上级汇报，具有独立的汇报线。

许多欧美跨国公司的常见配置为：区域职能部门经理向相应的亚

太地区的部门负责人直线汇报，亚太地区的职能部门负责人再向欧美总部的相关职能部门负责人直线汇报。同时，区域职能部门经理还需要向区域总裁进行汇报。

以某跨国公司的传播部门为例，中国区的传播部门经理需要向亚太地区的传播部门负责人和中国地区的区域总裁进行汇报；亚太地区的传播部门负责人需要向总部的传播部门负责人和亚太地区的总裁进行汇报；总部传播部门的负责人和亚太地区的总裁都需要向总部总裁进行汇报。

这样复杂的管理架构会大大降低决策的效率。例如，某跨国公司在中国设有中国区总裁，下设销售、市场、人事、财务、技术、采购等部门，再下一层为各部门员工。其中，中国区总裁只统管核心的销售部门，对其他部门则鞭长莫及。在这种情况下，中国区总裁只有区域销售部门的决策权，一旦涉及多部门合作，则要与各部门管理者进行沟通，各部门管理者也需要向其直线上级进行汇报再做出决策。

此外，在经过多方沟通做出决策后，中国区总裁也无法立刻执行决策，而需要将决策向总部进行汇报，在得到总部的反馈后才能够最终执行决策。

很多时候，高效的决策才能够发挥最大的效果，如当跨国公司在中国遭遇舆论危机时，如果危机的解决方案需要多方汇报、多方决策，那么即使能够得出科学的解决方案，往往也失去了决策的最佳时机。因此，除了决策科学性的风险之外，决策的效率风险也是诸多跨国公司需要面对的问题。

| 第3章 组织架构变革：决策适应区域市场 |

3.2 组织架构本土化

跨国公司需要注意组织架构的灵活性，瞄准本土市场，根据市场需求进行组织调整，保证组织架构运作的科学性和效率。跨国公司可以将亚太区总部迁移至中国，或者将中国区域脱离亚太区范畴，作为一个独立市场来管理，同时总部需要给予区域管理者更多的权力，保证决策的效率。

3.2.1 亚太总部迁移，从东京到上海的"迁移记"

对于许多跨国公司而言，中国蕴含着巨大的市场，随着中国经济的不断提速，**越来越多的跨国公司将中国市场放在了更高的战略位置上，并通过将亚太区总部迁往中国的方式来进一步贴近中国市场。这不仅是企业组织架构的变动，也体现了针对中国市场决策速度、本土化程度的提升。**

在工业界，达索的名字如雷贯耳，其可以为工业的创新提供重要支撑。达索系统能够为工业设计师提供一个虚拟的三维世界，工业设计师不仅能在这一世界中设计产品，还可以测试产品性能，甚至可以自由地植入在建的飞机、道路、楼宇等，以优化方案、降低成本。

达索一直对中国市场十分重视，在达索亚太区总部位于东京时，其亚太区负责人罗熙文就将办公地点从东京挪到了上海，并和总部协商将亚太区总部逐步移至中国。到2020年，这个从东京到上海的迁移计划最终完成。

在迁移计划完成的 8 年前，罗熙文就常驻上海办公。上海有国际化、优良的营商环境，也极富创新力，聚集了大量创新企业和人才。同时，达索系统的明星产品就是其工业软件，一个国家知识产权保护制度是否完善是其迁移亚太区总部的重要考量因素，而中国近年来法律体系的完善，对知识产权保护的重视，都让达索坚定了迁移的决心。

事实上，自罗熙文常驻上海之后，达索亚太区总部的一些职能就开始陆续从日本东京迁移至上海。后来，随着中国巨大市场潜力的不断显现，达索也加快了迁移力度，同时其在上海的投资也进一步加大，以便深度融入上海创新生态。

达索亚太区总部的迁移不仅是公司组织的变动，也体现了其在中国市场决策速度、本土化程度的提升。亚太区总部迁移完成之后，亚太区总部和此前的大中华区办公场所合为一处，不同层级的员工及管理者有了更多见面的机会，使大中华区的决策速度大大提升。此外，达索系统未来也会在中国以上海为基地，然后向重庆、青岛等地分散，不断提升其本土化的进程。

达索系统将亚太区总部迁往中国无疑是一个明智的决定，其可以更加贴近中国市场，了解市场动向，挖掘市场潜力，同时吸收中国丰富的创新人才，提高本土化程度。同时，决策效率的提高也有利于其在中国市场获得更多效益。达索系统为其他跨国公司调整组织架构提供了一套可行的解决方案，值得其他企业借鉴。

3.2.2 独立市场独立管理，福特中国战略大升级

在层层控制的矩阵式管理架构下，不同层级管理者对区域市场的

第 3 章 组织架构变革：决策适应区域市场

认知存在差异，层层汇报也加大了信息失真的风险。为此，**跨国公司需要尽可能减少总部对区域市场管控的阀门，减少衔接点，把重要的衔接管控放到少数几个关键岗位上，以此减少汇报层级，提高决策效率和决策准确性**。跨国公司必须要认识到，想让所有业务条线和各相关节点都理解中国战略是不现实的，应该把中国的钥匙交到少数有决策权的人手中。这无关职级，而在于权限、资源和中国战略之间的有效衔接。

在具体实践中，一些跨国公司通过将中国区从亚太区独立出来独立管理的方式将中国区放在了更高的战略位置上，也有效削减了总部对中国区的控制层级。诺基亚、摩托罗拉等跨国公司都曾分剥中国区以进行独立运作，知名车企福特汽车也将中国区升级为独立运营的业务单元，以此实现对中国区更好的管理。

福特汽车就曾调整了亚太地区的经营战略，其中包括两大举措：一是将福特中国升级为独立运营的业务单元，此后福特中国将直接向总部汇报；二是任命陈安宁为福特集团副总裁、福特汽车（中国）有限公司总裁兼首席执行官，统领公司在中国的发展。

福特汽车致力于提升其在电气化、自动驾驶、智能出行等方面的行业领先地位，而在这一发展的过程中，中国是福特公司的重要市场。福特汽车对于组织架构的调整体现了其在中国的发展战略布局。

当前，福特汽车已经开始在中国车联网和智能出行方面的业务布局，和百度、阿里巴巴等互联网公司签署了战略合作协议，共同探索在人工智能、自动驾驶、车联网等领域的合作。同时，福特智能出行公司和众泰汽车签署了合资合作协议，共同组建了众泰福特智能出行科技有限公司，为网约车运营商和司机提供智能化的纯电动车出行解决方案。

作为全球最大的汽车市场，中国市场无疑是行业发展的焦点。而福特汽车将中国市场升级为独立业务单元，并由经验丰富的本土高管领导，这些都体现了其在组织架构方面的变革，使福特汽车最终形成了一个更加精简、更加高效、更加贴近消费者的组织架构。

在调整组织架构之前，福特汽车就制定了其在中国的发展战略——"中国 2025 计划"。内容包括：到 2025 年底，在中国推出超过 50 款新车型；加速产品本土化进程；提升在中国的研发能力；优化在中国市场的销售和服务管理等。

组织架构的调整为"中国 2025 计划"的落实提供了更多助力，深化了其本土化战略。在本土化合作方面，福特汽车与长安汽车成立了销售服务机构，负责福特汽车在中国市场的营销、销售和服务。同时，在本土化人才方面，福特汽车也聘用了多位本土高管，力求推动其业务在中国的发展。

福特汽车对于组织架构的调整推动了其在中国的发展，同时这种将中国市场独立管理的方式也值得其他企业借鉴。在以往的组织架构中，中国区总裁需要向亚太区总裁汇报，或者需要向亚太区某一业务线的负责人汇报，这样信息到达总部就会多一个层级，而将中国区市场从亚太区市场独立出来，作为直接向总部汇报的重要单元，能够有效削减总部对中国区市场的管理层级，提高决策效率。

3.2.3 权力下放：给予本土人才更多权力

跨国公司无论怎样对组织架构进行调整，都要坚持一个原则，即决策要适应中国市场。组织架构优化、管理层本土化之后，跨国公司

第3章 组织架构变革：决策适应区域市场

还需要思考，公司是否为这些本土管理者提供了能够让他们发挥管理才能的环境？**如果只调整了组织架构或聘请了本土人才，但是没有给予他们足够的权力，只是将其作为执行者而不是决策者，那么这种变更是没有意义的。因此，跨国公司必须做到将权力下放给本土人才，让了解中国市场的本土人才掌握决策权。**

目前，跨国公司在中国区的管理主要有两种组织架构：一种是中央集权制的管理架构，中国区总裁统领销售、技术、采购、财务等部门的管理，各部门负责人直接向中国区总裁汇报；另一种就是松散的矩阵式组织架构，各个功能线汇报给各自负责人，中国区总裁往往只负责某一项业务。

在很多情况下，中国区总裁虽然是区域业务的最高负责人，但并没有实际的决策权，提交的解决方案往往被总部否决，甚至连下属的绩效考核、人事任免也无法干涉。

亚马逊在进入中国市场时，就在放权方面存在欠缺：虽然任用了本土人才，搭建了本土团队，但却没有适当放权。亚马逊收购卓越网之后，卓越网的创始人之一陈年曾短暂地留了下来，但最终离开。原因就在于制定市场规划时，总部的管理者不会听取他的意见。

而此后，亚马逊中国区总裁王汉华也曾表示，亚马逊中国更多地扮演的是总部的一个运营中心，而不是地域决策中心，这表明了亚马逊中国在决策地位方面的卑微。公司虽然建有本土化管理团队，但王汉华只负责销售业务，对于其他业务执行的话语权非常低，甚至"连决策一次广告投放"或"改变一次产品包装"都做不到。即使做出决策，汇报给总部的过程也十分漫长。

在这种情况下，亚马逊中国的使用体验、物流、服务等方面很快被中国崛起的各家电商平台超越，最终不得不选择离开。亚马逊对中国本土团队没有基本的授权和信任，本土团队无法发力，其本地化工作自然也无法开展。而即使本土团队正确地判断出行业方向，决策链漫长和信息滞后也让这些决策先天夭折。

亚马逊在中国的失败与其没有决策本土化密切相关，这也表明只对组织架构进行调整或者搭建本土团队是不够的，跨国公司还要给予本土团队更多的权力，让其能够实现自主决策。**除了进行组织架构调整，让区域总裁有直接向总部汇报以及本地决策的权力外，跨国公司还应配备直接向总部汇报的法务、政府关系、财务、合规（反腐）高管，以便对区域总裁进行监督和把控，达到统筹和放权的平衡。**

3.2.4 互联网的扁平化 vs 百年老店的"金字塔"

当前，跨国公司的组织架构一般分为两个类型。**一些历史悠久、早早进入中国市场的"百年老店"往往采用的是一种分层管理模式，并在此基础上形成了矩阵式组织架构、事业部式组织架构等。**直到今天，很多跨国公司都在沿用这些经典的组织架构。同时，随着互联网时代的发展，**很多互联网企业采取了一种扁平化的组织架构，以提高组织决策的灵活性和决策效率。**

作为早早进入中国市场的一家百年老店，拜耳对于组织架构的调整可圈可点。当下复杂多变的时代环境对以往高度集权的"金字塔"式的管理架构提出了挑战，而拜耳也随之对组织架构进行了调整。

以往，拜耳的组织管理追求精益化的流程设计和执行，留给员工探索其他可能性的空间相对较小，也压抑了员工工作的自主性。为了

第 3 章 组织架构变革：决策适应区域市场

解决这一问题，发挥员工在组织建设方面的重要作用，在组织架构方面，拜耳建立了跨部门协作的"五人小组"工作机制。在这个机制下，小组成员可以一起确定愿景、制定标准和行为规范，以指导日常工作的开展和项目的推动，实现了跨部门、跨职能的合作。

在这种新的机制下，员工工作的自主性和责任心被大大激发，其能够参与到决策中来，为企业的发展出谋划策。曾任拜耳集团大中华区总裁的江维曾表示："当一位领导在一个组织的常规运营中最终'不再被依赖'，我认为这是一个组织成功的重要标志之一。员工积极承责，主动推动个人和组织的全面、共同、长期发展，这是好事情，因为他们有了承担的意愿、勇气、能力和信心。"

在拜耳在中国成立分公司，大力发展的近三十年的时间里，其稳定的组织架构为其发展提供了重要支撑，而其对于组织架构的调整也激活了"金字塔"组织架构的活力。

与之相对的，谷歌是采取扁平化组织架构的代表。谷歌通过一系列管理创新设计了一种扁平化的组织结构，表现出网络化、高度民主的特征。以谷歌的产品研发小组为例，往往一个管理者要管理数十个直系下属，以便实现信息在更短的时间内的流动，避免因信息流通不顺畅产生的问题。

此外，谷歌还建立了民主自由的管理体制，在这种体制下，员工拥有充分的话语权，可以更自由地安排自己的工作，根据兴趣选择要开展的项目。在进行重要决策时，谷歌也会邀请所有的利益相关方共同研讨，并达成一致意见。

谷歌的这种扁平化的组织架构是一种非框架、非固定的状态，这使得公司里有数不清的项目经理。同时，谷歌针对每一项任务，也会组织出一个个工作小组，由其负责专项工作，因而公司里存在着大量的"双重领导"，这使得谷歌的组织架构看起来有些混乱，如图3-2所示。

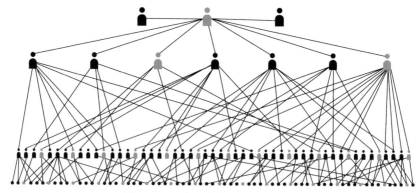

图3-2 谷歌"鸟巢"式组织架构

在谷歌这种组织层级很少的扁平化组织架构中，架构最底层的员工也可以直接接触最上层的领导。这虽然使得组织架构更加灵活，但却让管理变得更加混乱。

从管理学角度看，"百年老店"坚持的传统组织架构和互联网公司偏爱的扁平化组织并没有优劣之分，但从跨国公司进入中国市场成败的角度来看，互联网公司成功的案例较少。**互联网公司往往认为自己是传统行业的颠覆者，在自身快速发展的繁荣下，忽视了自身发展历史短暂的问题，对中国市场也缺乏了解。这些公司一方面保持着唯我独尊、颠覆一切的心态，另一方面又与传统产业和成熟的管理模式缺少交集，沉浸在互联网世界的气泡当中。在以上因素的影响下，高科技互联网企业，特别是一些硅谷互联网企业，在本土团队的结构设计方面存在欠缺，应耐下心来向已经在华发展多年的成熟企业学习。**

MANAGEMENT OF
MULTINATIONAL CORPORATIONS
IN CHINA

第 4 章
合规管理与危机应对

4.1 政府关系管理
4.2 法务与合规管理
4.3 媒体关系管理

在日趋严格的国际监管环境下，跨国公司要想在中国获得更好的发展，就需要强化合规经营意识，做好合规管理。合规管理意在告诉企业，在特定的法律环境下，企业具体应如何合理、合规地进行企业经营。对于跨国公司而言，做好合规管理是其能够在中国顺利发展的基本要求，政府关系管理、法务和合规管理是其需要引起重视的合规工作。此外，如果企业的合规管理失灵，引发了危机事件，会对企业的形象和信誉造成打击，因此，跨国公司也需要做好媒体关系管理工作，妥善应对危机。

第 4 章 合规管理与危机应对

4.1 政府关系管理

政府关系（GR，也称公共事务、公共政策等）管理工作在于帮助跨国公司正确理解中国的政治和社会环境、政策走向，确保企业的经营活动在合规的前提下开展，为跨国公司在中国的生存和发展提供重要的支撑。新的地缘政治背景下和新的中国发展阶段，都要求跨国公司打好坚实的政府关系基础，明确自己的管理战略、搭建完善的沟通框架，同时需要规避政府关系管理中的陷阱。

4.1.1 战略选择：讲好自己的故事

纵观在中国发展大获成功的跨国公司，无一不在中国建立了成功的政府关系。在这方面，**越来越多的跨国公司将商业目标向中国政府关注的重点靠拢，开展相关的政府关系工作，如合作建立研发中心、帮助建设创新型社会、开展企业社会责任项目等**。这些做法被称为"讲故事"。

三星进入中国市场已将近 30 年，在此期间，其始终将"做中国人民喜爱的企业，贡献于中国社会的企业"作为企业的责任愿景，积极融入中国市场，不断进行本土化产业升级并不断创造社会价值。同时，三星始终坚持践行社会责任，将经营成果回馈给中国社会。在中国"精准扶贫"政策的驱动下，三星始终聚焦"精准扶贫"，持续开展公益活动。

三星的"精准扶贫"项目覆盖了健康、教育和体育等多个领域，曾开展过"希望工程""集善·三星爱之光（复明手术）""三星中国青少年足球训练营"等精准扶贫项目。同时，三星秉承"分享经营"的经营理念，将"分享村庄"精准扶贫模式引入中国，先后在河北、贵州等地开展了分享村庄项目，以旅游扶贫的方式，推动乡村的发展。

进入中国市场之后，三星在谋求自身发展的同时也积极践行企业社会责任，将经营成果回报社会。这不仅体现了其经营理念，也是其政府关系管理战略的一种表现。通过开展企业社会责任项目，三星树立了自身热爱公益的形象，也在不断地讲述自己的公益故事。

达索系统也在以不同的方式讲述自己的故事。作为一家提供 3D 体验解决方案的企业，达索系统为诸多的企业客户提供 3D 虚拟协作环境。而在政府关系管理方面，达索系统积极推进与中国各地政府的合作，为中国城市建设贡献自己的力量。

2021 年 4 月，达索系统与青岛西海岸新区达成合作，将共建青岛达索融合创新中心。青岛西海岸新区成立了推进专班负责此项合作，其中，融控集团已与达索系统签订战略合作协议，并积极进行青岛达索融合创新中心项目（一期）的空间改造。该项目将导入达索 3D 体验系统，建设基于数字驱动的智能制造创新基地。此后该项目将推动西海岸新区数字经济产业的发展，赋能制造业升级，推进西海岸新区产业链现代化。

第4章 合规管理与危机应对

在政府关系管理方面,三星与达索系统采取了两种不同的战略,推进了企业在中国的发展。跨国公司可借鉴两个企业的成功经验,并结合自身优势、商业目的等制定个性化的政府关系管理战略。

当然,在新时期,企业需要承担更多社会责任,长期打造企业美誉度。在ESG(即环境、社会和治理)**、可持续发展、碳达峰与碳中和、生物多样性、应对气候变化等概念下,跨国公司需要更加专业、更加系统地打造企业美誉度。跨国公司可以从以上多角度出发做好管理工作,维护与政府的良好关系。其最高境界是出于本心服务社会、向善(for good),如果能很好地结合自身业务,那就更加完美。这个方面有很多跨国公司积累了非常成熟的做法,可以帮助中国团队和业务向高水平推进。**

例如,高通公司就始终坚持ESG理念,并将其贯彻到了工作中。2021年初,高通公司发布了《2020年企业责任报告》,公布了其2020年在环境、社会与治理等方面的表现。其中的主要亮点如下。

① 履行公司推动公平性的承诺,在两年中将公司全球女性工程师的比例提高了17%,将美国少数族裔的工程师比例提高了12%。

② 开展了小型企业加速器计划,旨在帮助33家小型企业进行全数字化工作环境的转型,帮助其在当今商业环境中取得成功。该计划向这些企业提供系统的解决方案、技术与集成支持,帮助其在全球新冠肺炎疫情中保持正常运营。

③ 在教育、医疗、公共安全、环境可持续性发展等领域持续发力,高通"无线关爱计划"已经惠及48个国家及地区,覆盖2000余万人。

④ 为了更好地应对与气候相关的机遇和挑战,高通在2020年进行了气候情景分析,并在报告中公布了气候相关财务信息,披露工作

组和可持续发展会计准则委员会指数。

该报告除了表明公司已经超额完成了 2020 年的目标外，还公布了 2025 年企业责任目标，进一步在供应链管理、温室气体减排、产品能效等 ESG 关键领域不断推进。

正如曾任高通公司首席执行官的史蒂夫·莫伦科夫所说的那样：放眼未来，高通已经制定了可量化的 2025 年目标，专注于打造更加多元化的人才团队。作为企业积极履行责任，将可持续发展融入公司业务的方方面面，并且利用公司的突破性技术变革行业，帮助构建更具弹性的经济，促进社会进步。

无论跨国公司制定怎样的战略，都要注意不要为了做政府关系而做关系，为了做企业社会责任而做表面文章。舍本逐末的做法本身就是风险源。

4.1.2　沟通框架：搭建 6S 沟通模型

在政府关系管理工作中，沟通的效率和有效性是十分重要的。很多跨国公司在与政府部门进行沟通时，既不能正确表达企业的诉求，也不能满足政府的期望，自然无法通过沟通实现自己的诉求，建立良好的政府关系。为解决这一问题，跨国公司需要建立一个系统化的政府事务沟通框架，以此提升在与政府沟通合作中的精准度和有效性。

在跨国公司与政府沟通、合作的过程中，"6S"沟通框架能够为其提供指导。"6S"沟通框架包括以下几个部分，如图 4-1 所示。

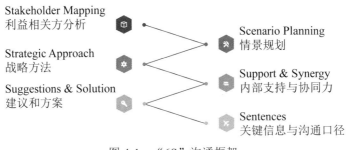

图 4-1 "6S"沟通框架

（1）利益相关方分析

与政府进行沟通的第一步是要做好全面的利益相关方分析。通过对这方面的分析，跨国公司能够清晰地知道自己的沟通对象是哪些部门，他们关注的问题是什么，他们对企业的诉求有怎样的看法，不同部门之间的工作流程是怎样的。了解这些之后，跨国公司在与政府沟通的过程中就能够更好地扬长避短。

（2）情景规划

做好利益相关方分析之后，跨国公司接下来要做的就是对沟通局势进行可预测的分析、判断，以此制定沟通策略。这种情景规划和分析预测能够让跨国公司提前针对不确定性问题进行更细致的考量，对有可能出现的不同情景有充分的准备。

（3）战略方法

做好以上准备后，跨国公司基本上就有了制定策略的方法了。跨国公司可以针对实际沟通情况确定主动沟通方法、应对式沟通方法、多种沟通方案的应变式沟通方法，灵活地根据局面的变化设计沟通方法。

（4）内部支持与协同力

在一些跨国公司中，其政府事务部门与其业务单元、职能部门之间存在脱节的问题。这导致其与政府沟通的内容，可能不能真正反映企业发展的诉求或满足政府的期望。因此，跨国公司的政府事务部门在进行一项沟通工作之前，必须与企业内部相关的业务单元、职能部门进行沟通，得到对方的理解和支持，并在内部形成协同效应。这能够为政府事务部门的沟通工作提供必要的内部支持。

（5）建议和方案

政府事务部门不能期望在与相关政府部门进行沟通时，对方能够给出解决方案。在沟通之前，政府事务部门应针对沟通的问题做好充足的准备，准备好初步的建议、思考路径、可参照的案例，并设计问题的草拟方案。有了这些准备，双方的沟通工作才能够更加顺畅。

（6）关键信息与沟通口径

做好以上5个方面的准备后，才落到"说什么"这一关键点上。如果政府事务部门在准备沟通工作的一开始就思考"应该说些什么""有哪些要点"等问题，则容易思维混乱，而在完成以上5个方面的准备后，对于"说什么"这一问题，就会水到渠成地形成，政府事务部门也能够更清晰地梳理沟通要点。

将以上6个环节组合在一起，就形成了一个系统化的沟通框架。这个框架的中心是企业的立场、叙事和关键信息。而利益相关方分析、情景规划、战略方法、内部支持与协同力、建议和方案，都为沟通产生有利结果和最大化价值提供了必要的支撑。跨国公司要想在与政府部门的沟通中取得更好的结果，就需要通过以上环节进行沟通工作的通盘考量，协调部署。

4.1.3 规避陷阱：这些"雷区"不可碰

在政府关系管理的过程中，有很多暗藏的"雷区"，如果跨国公司没有引起重视，一旦"踩雷"则会大大影响政府关系管理的成效，影响跨国公司在中国发展的进程。具体而言，跨国公司需要规避以下"雷区"。

首先，跨国公司要远离政治话题，尊重中国的国家形象和民族感情。跨国公司在不了解中国国情或相关法律规定的情况下，往往容易误入歧途，甚至违反相关法律。**跨国公司在任何一个国家运营都要严格遵守当地法律法规，这一点没有任何商量的余地。**

跨国公司尤其需要注意以下几个方面。

① 中国国旗、国徽以及主要国家象征性建筑物的正确使用。

② 对国家主权的有关称谓和表述的正确使用，如对少数民族自治区的正确表达，对地图的正确使用等。

③ 对民族英雄、国家机关、国家领导人的尊重，对民族感情的尊重等。

其次，政府关系管理不只是政府事务部门的工作，跨国公司的管理者更应谨言慎行，做好表率。某跨国公司创始人就曾在公开场合对中国的互联网审查进行了批评，但谷歌的桑达尔·皮查伊和苹果的蒂姆·库克对此的表达都是客观中立的。该创始人的这种主观臆断的言论虽然没有违法，但对公司在中国市场的发展非常不利，严重阻碍公司后续进入中国市场的进展。

最后,跨国公司要合规合法,不打擦边球。很多跨国公司将中国市场与其他市场区别对待,例如很多跨国公司在全球范围内召回不合格产品时往往会忽视在中国市场中出售的产品,但事实是其产品可能大多在中国销售。

日本某家电公司曾宣布对其生产的数十种机型、数十万台洗衣机进行无偿检修,同时表示,此次召回产品不涉及中国市场。但事实上,该家电公司此次召回的产品生产日期跨度长,存在质量问题的产品在中国也多有销售。而该跨国公司在处理同类问题时屡屡忽略中国市场。在跨国经营的过程中,其先后对存在质量缺陷的电脑、洗衣机、手机等产品进行多次全球召回,但都宣布不涉及中国市场。面对中国消费者的质疑,该跨国公司历来态度强硬,只对个别问题产品进行了处理。

这种针对中国市场和其他市场设置的"双重标准"是跨国公司需要规避的,在产品安全、对员工利益的保护、对消费者权益的保护等方面,都要避免差异对待,坚持同样的原则。

4.2　法务与合规管理

跨国公司在中国的发展离不开法务与合规管理。法务工作侧重于跨国公司对外的管理,依据相关法律法规,尤其是本地的法律法规制定企业规章制度、审核合同内容、提供法律咨询等。相比于外籍法务人员,本土的法务人员更能理解本地的法律环境,对本地法律法规有更全面的了解，因此跨国公司有必要培养本土法务人才。

合规工作侧重于跨国公司对内的管理，即对法律法规及企业规章制度的执行情况进行管理，确保企业内部运营合法、合规。同时还需要注意合规管理的腐败"红线"，并搭建完善的内控体系。

4.2.1 法务管理诀窍：培养本土法务人才

对于跨国公司而言，中国市场充满机遇，同时也潜藏着诸多风险。跨国公司对于中国法律环境和商业政策的不了解，加大了其在中国市场经营的风险。

法务管理对于跨国公司的经营而言十分重要。**一方面，完善的法务管理能够为企业的决策提供法律支持**。法务部门可对决策项目进行合法性及风险方面的法律分析，并据此提出法律意见或相关对策。这能够保证决策的可执行性，避免企业因决策失误遭受经济损失。**另一方面，法务部门能够为企业的合规管理提供法律支持，指导企业工作在合规、合法的环境下展开**。

基于以上原因，许多跨国公司都十分重视法务部门的建设和法务工作的完善，甚至从总部派遣精良的法务团队进驻中国的分公司，以期实现更好的法务管理，但往往事与愿违。

总部法务团队在中国工作的过程中往往会遇到诸多问题。在风险防范方面，由于其无法准确把握中国法律对企业犯罪和高管犯罪的指控逻辑、取证要点，因此在涉及企业内部合规治理的方案设计方面，无法提出具有针对性的合规建议，使得企业在合规治理的关键环节存在法律风险。在内部调查和刑事控告方面，由于其无法准确把握中国刑事法律的证据要求，往往在花费了大量时间和精力后，其最终形成的刑事控告法律文件达不到中国的刑事证据规格及控告标准，无法推进相关合规工作。

跨国公司总部的法务团队虽然有丰富的工作经验，但由于法律环境不同，其工作经验往往在中国并不适用。要想加强法务管理，跨国公司更需要招聘本土法务人才，培养本土法务团队。

通用电气就十分重视对本土法务人才的招聘和培养。通用电气中国公司的法务部门设有法律轮岗项目，通过对本土法务人才的多方面培养，使其具备开阔的法律视野、掌握丰富的从业技能。参与该项目的法务人员能够得到在大法律部门轮岗的机会，包括合规、法务、政府事务等岗位。

同时，与其他企业中法务部门的被动式工作不同，通用电气鼓励法务人员深入业务流程，使其在实践中获得更多成长。法务部门可参加业务部门的会议，了解业务部门的需求、关注点以及对法务团队有哪些意见。通过与业务部门的顺畅沟通，法务部门能够在第一时间判明业务部门可能会遭遇的法律风险，而不是在业务部门寻求帮助后才被动工作。

其他跨国公司可借鉴通用电气的做法，广泛吸纳本土人才，并通过轮岗的方式对本土人才进行培训，加强法务部门与业务部门的沟通，以强化法务部门势能，更大程度地发挥法务部门的作用。

4.2.2 规避合规管理的"红线"

在合规管理方面，腐败是必须规避的"红线"，而反商业腐败是

第4章 合规管理与危机应对

跨国公司合规管理的重要领域。跨国公司需要对此引起重视。

谈到反腐内控方面，不得不指出一些跨国公司由于总部文化，在内部管控方面没有严格制度，完全依靠员工自觉，并在纪律要求方面给予员工很大空间和自由度。这是企业文化和价值观的不同，本身是出于对员工的信任，没有任何问题。但由于跨文化经营和管理，这当中往往会放大系统中的漏洞，企业即便发现问题和责任人仍然会从宽处理。这样久而久之会给内控带来很大麻烦。为了掩盖问题，总部倾向于息事宁人，反而需要支付违约金让违规的员工离职。到了这个程度，合规工作已经无法开展。

甚至有些跨国公司没有在本地搭建合规团队，合规工作只由总部的合规团队偶尔出差来中国检查。这样即便出了问题，总部的合规团队也无法了解问题的根源在哪里，更不知道如何预防。正确的做法应当是充分信任中国区的法务总负责人，并授权其行使内控的权力，逐步搭建本地法务团队。

中国曾对某公司部分管理者涉嫌经济犯罪进行立案侦查。涉事管理者接受了部分旅行社非法向其支付的现金，并用以结交专家、医生等。为此，该企业被判处罚金人民币30亿元，同时案件中的涉事管理者也被判处有期徒刑2～3年。

该企业是因为没有遵守中国的法律法规而受到处罚。从表面上看，该事件是由该企业在中国的合规管理不到位造成的。但事实上，该企业建立了较为完善的合规管理体系，可部分管理者为了追求业绩，没有遵守公司制度，参与了商业腐败，使得该企业的合规管理体系出现了坍塌。

由以上案例可知，跨国公司不仅要建立完善的合规管理体系，更要将其切实落实。一些跨国公司注重人性化管理和宽松管理，不了解本土情况，给本土管理者留下了违规的空间。同时，互联网高科技公司的快速发展和野蛮生长，也使得腐败空间和管理漏洞较为普遍。因此，跨国公司对于企业内部的合规管理也要进行自查，避免内部腐败。

某跨国公司在反腐方面就做得十分出色，该企业不仅制定了完善的合规制度，还通过内部审计和自查的方式保证了制度的落实。该企业的规章制度涵盖了企业管理人员、员工以及代表企业行事的第三方需要遵守的一系列行为准则，包括拒绝贿赂，与合作方保持正当的商业关系，国际贸易合规，知识产权、网络安全和隐私等一系列合规方面的内容，明确了相关人员的行为准则。

例如，在反贿赂方面，该企业规定在世界范围内禁止一切贿赂。企业的所有员工和代表企业行事的第三方都要做到以下几个方面的内容。

① 禁止员工为了获得商业利益而向他人赠送、许诺或授权赠送有价值的物品。

② 在向政府工作人员赠送礼物或提供餐饮招待时须经过企业合规部门的批准。

③ 不能将企业资金或财产用于政治目的。

为保证以上制度的落实，该企业还会进行内部审计及自查。企业组建了一支具有财务、法律相关专业知识的精英团队对世界范围内的各地分公司进行审计监督，对重大项目进行复核。同时企业还设立了有效的自查机制，在公司出现合规问题后，相关员工可以在专业人士的指导下寻求解决方案，以便化被动为主动，将违规的不良影响和损害降低到最小。

总之，反腐是跨国公司进行合规管理的重要内容。企业不仅要建立起完善的合规制度，更要保证制度在公司运营中切实执行，只有这样才能保证反腐的效果。

4.2.3 搭建完善的合规管理体系

跨国公司的合规管理是一项长久、复杂的工作，并非制定一项制度、进行一次改革就可以做好的。合规管理需要价值指导、目标指导，合规管理的过程中也涉及组织管理、风险管理等。为全面做好合规管理，跨国公司有必要搭建完善的合规管理体系，科学指导企业合规工作。

在搭建合规管理体系方面，戴姆勒公司为诸多跨国公司提供了良好范例。戴姆勒合规管理体系包括以下七个部分。

① 合规价值：合规价值能够为营造合适的合规文化奠定基础。戴姆勒的合规价值就是诚信，是所有员工必须遵守、必须落实的，是员工的行为准则。

② 合规目标：戴姆勒的合规目标是以其发展战略为基础，以诚信为准则和指导而设定的一些合规目标，如恪守商业道德、遵守法律法规、坚决反对腐败等。

③ 合规组织：在合规组织方面，戴姆勒设立了独立、并行的合规和法律部门，并保证部门能够直接与最高决策层进行沟通。

④ 合规风险：在合规风险方面，戴姆勒会结合业务内容和所处地区的宏观风险，进行初步的风险评估，再深入到各业务部门，通过访谈、业务咨询等方式了解合规风险。

⑤ 合规项目：合规项目即针对具体的合规管控目标制定的合规管理的措施或流程。

⑥沟通培训：戴姆勒会根据合规价值、目标等内容和员工进行沟通并对员工进行培训，使员工能够了解合规管理的要求并规范自己的行为。

⑦ 监督改进：戴姆勒每年都会对实施的合规管控措施进行效率和有效性方面的评估和检测，以此确定合规管控措施的科学性。

落实到具体实践上，戴姆勒建立了全球合规团队，各区域负责人根据运营涉及的风险程度，独立做出判断。戴姆勒大中华区合规管理体系与总部一脉相承，具有完善的制度和组织体系。戴姆勒大中华区投资有限公司将诚信合规纳入管理者评价标准和薪酬制度，将合规管理成效纳入管理人员考核和离任、责任审计，同时定期和有针对性地对管理者进行合规培训。

同时，其还十分重视对合资工厂在合规方面的教育和引导，通过建立区域合规办公室，对合作伙伴提供合规培训，使其熟悉戴姆勒的合规理念，提高合资工厂员工的合规意识。

公司通过制定《北京奔驰行为准则》，完善了合规体系建设，加强了北京奔驰各项管理制度的执行力。同时，戴姆勒会对全球经营实体进行本地风险分析，并制定综合合规风险分析KPI（关键绩效指标），对不同市场的总体运营风险进行判断。戴姆勒大中华区投资有限公司也会依据公司目标、组织架构、运营模式等，围绕这些KPI，对在中国经营的各实体进行个性化问卷调查，开展个性化合规风险分析，以此判断运营目标是否能够实现。

公司内部设有财务控制和公司治理两个部门，其职责是制定风险管控流程，向合资公司分享管控经验，减少运营风险。当合资公司遇到重大议题时，公司也会为其提供法律、合规、审计方面的指导，以寻求最佳的解决方案。

戴姆勒通过以上七个方面的设计搭建了完善的合规管理体系，不仅实现了对区域公司及本土员工的管理，还能够有效地引导合作伙伴加强合规建设，从而更好地推动公司在区域市场的发展。戴姆勒成熟的合规管理体系也为其他跨国公司的合规管理工作指明了方向，跨国公司可借鉴戴姆勒在合规管理体系方面的各项举措，搭建或完善自身的合规管理体系。

4.3　媒体关系管理

跨国公司在中国经营的过程中难免会遭遇舆论危机，如何做好危机公关是跨国公司需要思考的一个重要问题。随着互联网的不断发展，当危机事件发生以后，往往会在短时间内快速散布，对跨国公司的企业形象造成不良影响。如果跨国公司不能妥善处理危机事件，很可能会让企业遭受致命打击。因此，除了政府关系管理、法务与合规管理外，跨国公司还要做好媒体关系管理。

4.3.1　快速响应，避免舆论发酵

互联网时代，舆论发酵十分迅速，当危机事件发生后，如果企业没有在第一时间对此进行响应，那么公众就会快速形成自己的判断，而在此之后企业想要扭转公众的看法是十分困难的。因此，当危机事件发生后，跨国公司需要做的第一件事就是快速响应，避免舆论发酵。

很多企业在处理危机事件时都十分注重对时间的把控，也为跨国公司提供了值得借鉴的范例。

某品牌是一个以保健及美容为主的品牌，深受广大女性用户的喜爱，而一个危机事件将其推上了舆论的风口浪尖。当时，该品牌面膜疑致用户身亡的消息不胫而走，让公众既愤怒又恐慌。这也使得该品牌遭到了用户的质疑，企业形象岌岌可危。面对这样的危机局面，该企业第一时间在官方微博上发布了致媒体函，大致内容如下。

近日有用户家属声称其家人使用了我司旗下品牌美白面膜后身亡，对于该事件，我司表示高度关注。特作声明如下：

该品牌美白面膜达到了中国化妆品卫生规范标准，通过了欧洲质检机构的毒理评估测试，且该产品在国家指定的质检机构进行了皮肤斑贴测试和执行标准的检测，结果显示产品安全、符合标准。该产品自上市以来，售出超过一百万盒，从未发生过因肤质原因而过敏的投诉事件。

虽然目前并没有证据证明用户的死因与该产品有关系，仍处于调查阶段，但是本着对用户健康负责的态度，我司作出以下安排。

（1）立刻将该产品在所有店铺暂时下架，并着手对该产品进行进一步检测。

（2）即时与用户家属及政府部门取得联系，并与用户家属进行沟通，但截至目前，未获得用户家属同意配合调查。

（3）为了尊重事实，我们仍会继续与用户家属进行沟通，并希望用户家属积极配合调查。

在上述案例中，在危机事件发生后，该企业迅速发布了致媒体函，表明了产品符合安全规定以及负责到底的态度,有效安抚了公众情绪。随后,该企业将涉事面膜送到了国家化妆品质量监督检验中心进行检测,检测结果表明涉事面膜符合标准,不存在安全问题。检测完成后,该企业及时对检测情况进行了公布和宣传。

虽然此次危机事件对该企业的形象造成了一定影响,但其对危机事件的快速响应在很大程度上缓和了用户的情绪。同时,该企业又通过国家化妆品质量监督检验中心对涉事面膜的检测证明了其无害性,并通过社交媒体进行广泛传播,让公众了解真相,从而有效控制了社会舆论,顺利渡过了危机。

该企业之所以能够妥善处理此次危机事件,关键就在于把握了"速度快"的准则,在第一时间做出了响应,这也是跨国公司在处理危机事件时需要学习的。同时,如果危机事件较为复杂,难以在第一时间给出准确回复,那么企业也需要先表明立场,告诉公众正在进行详细调查。这样可以让公众知道企业是有所行动的,以便安抚公众情绪。

4.3.2 给出的结果要有理有据

通常情况下,**形成危机事件的原因一般有两种:一种是存在误会或遭到恶意诽谤;另一种是企业的确存在问题。无论是哪种原因,企业都要做到以理服人。**如果存在误会或遭到恶意诽谤,就把事实摆出来讲清楚;如果企业确实存在问题,也要讲明事件原委、之后的应对措施并真诚道歉,以此挽救企业形象。总之,跨国公司在进行危机公关的时候,给出的结果一定要有理有据。有理有据不是简单地讲道理,而是要拿出有力的证据让公众信服。

某企业生产的产品曾引起公众恐慌，原因是其销售的香茅薏仁茶和鸡蛋圆松饼的包装上印有"东京都"（核辐射区）字样，因此被认为产自核污染区。针对这一事件，该企业及时发布了声明函，内容大致如下。

针对"食品产自核污染区"事件，本公司声明如下。

（1）引起此次误解是因为食品包装中注明了"东京都"字样，而该字样为本公司母公司名称及注册地址，并非所售食品的产地。

（2）两款食品的原产地如下。

香茅薏仁茶原产地：日本福井县。

鸡蛋圆松饼原产地：日本大阪府。

（3）本公司销售的来自日本国的食品，均严格遵守国家质量监督检验检疫总局《关于进一步加强从日本进口食品农产品检验检疫监管的公告》及国家质量监督检验检疫总局《关于调整日本输华食品农产品检验检疫措施的通知》的规定，未销售中国政府禁止的日本核污染影响区的食品。

附：

（1）《对中国出口产品原产地证明书》——香茅薏仁茶

（2）《对中国出口产品原产地证明书》——鸡蛋圆松饼

上述声明函表明了该企业食品的日文标识上所标示的是母公司的注册地址，并非食品的产地。而且，除了进行必要的说明以外，该企业还展示了原产地证明书、入境货物检验检疫证明等一系列有力证据，进一步提升了公众的信任度。

从危机公关的角度来看，该企业无疑打了胜利的一仗，不仅让舆论迅速反转，还使消费者对其认可度进一步提高。在此次危机公关中，有很多值得其他跨国公司学习和借鉴的地方。

首先，该企业对事件原因进行了详细的解释和说明，并在有理有据的基础上，第一时间以官方身份给出真相，对不实消息予以反驳；其次，该企业做到了迅速澄清，指出核辐射区的地址并不是食品原产地；最后，该企业展示了原产地证明书、入境货物检验检疫证明等证据，表明产品并不是来自核污染区。

总之，在快速响应危机事件的基础上，跨国公司还要讲明事件原委，给出有理有据的结果。只有这样，企业的声明才能够让人信服。

4.3.3　勇于直面问题，勇敢承认错误

在危机公关中，**如果确实因企业自身问题引发了危机事件，那么企业在进行公关时就必须直面问题，勇于面对**。公众能够判断一份声明是否足够诚恳，如果企业不正面回应事件，希望靠打太极的方式蒙混过关，那么就可能会让危机事件进一步发酵，酿成更大的危机。

某酒店曾发生过一起女生遇袭事件。一名女生在该酒店住宿过程中差点被别人拖走，随后，该女生通过微博还原了事件的全貌，并要求该酒店给出合理的解释。

在这一危机事件发生之初，该酒店并没有积极应对，直到 3 天之后才发布了一份并不合格的声明，内容大致如下。

我们在得知事情之后，试图与当事人进行联系。对于当事人的遭遇我们表示非常遗憾，事情在酒店发生，酒店有查明真相的责任，同

时我们积极配合公安机关进行调查，对于不法行为绝对会严肃处理。我们希望可以和当事人取得联系，希望得到她的配合。我们会持续发布调查结果，希望事情得到完美解决。

在未形成详细的调查结果之前，该酒店的危机公关既没有体现出专业性，又毫无真诚可言，这无疑加剧了当事人的不满以及公众的恐慌。可能察觉到了自己的做法的确欠妥，该酒店随后又发布了一份声明，部分内容如下。

在获知当事人的遭遇后，我司高度关注，并立即成立了处理小组连夜排查，同时我们曾多次和当事人联系都未能成功，我们非常理解当事人现在的心情，希望当事人能够尽快与我们联系，给予双方沟通的机会，同时希望她的协助可以将嫌疑人绳之以法。

但这份声明也没能起到很好的公关作用。在这份声明中，该酒店依旧在避重就轻，没有承认自己的错误，没有表明之后的改进措施，甚至没有对当事人及消费者道歉，反而在表达一些无关紧要的事情，这无疑是本末倒置。

对于危机事件，任何避重就轻的做法都是不正确的，不仅无法解决问题，还会激起公众的愤怒。这是跨国公司在处理危机事件时需要注意的一个要点。当危机事件来临时，跨国公司要勇于面对问题，承认自己的错误，在此基础上发布声明，表达歉意，并详细阐明应对办法和改进措施，充分表达决心。

4.3.4 制定危机公关应对方案

跨国公司在经营中往往会遭遇各种危机事件,产品质量出现问题、管理出现漏洞、管理者或员工的不当言行等都可能会对企业在中国的经营造成冲击。**为了能够第一时间应对这些突发事件,降低其产生的不良影响,跨国公司应该制定完善的危机公关应急预案。**

当危机事件发生后,跨国公司的区域负责人应第一时间响应,组织人力建立危机公关小组,并安排不同的小组成员处理不同方面的事务。以产品出现质量问题的危机事件为例,区域负责人应做好以下工作。

首先,建立危机公关小组,其构成及各方职责如表4-1所示。

表4-1 危机公关小组构成及职责表

小组构成	工作职责
组长	处理此次危机事件的总负责人,组织协调各项工作,并作为企业的对外发言人应对各种来访及媒体采访
技术组	溯源问题批次产品,联系相关部门复检问题产品,明确事故原因
公众问题组	和此次危机事件涉及的公众进行沟通,为其提供帮助,接待公众来访
外部沟通组	负责联系媒体以及和政府相关部门沟通
内部控制组	协调企业内部,统一思想,组织人力

其次,针对可能发生的各种问题和可能面对的对象,各小组成员要接受组长的调配,分头行动,具体的处理措施如下。

(1)针对问题批次产品

技术组需要在小组组建完成后的第一时间开展工作,对问题批次产品进行复检并溯源,了解产品在生产或运输的哪一个环节出现了问题,并将调查结果及时上报组长。

（2）针对消费者

公众问题组负责联系此次危机事件中的受害消费者，打通线上、线下的投诉退货通道，为其退换产品、提供赔偿金并表达歉意。

（3）针对政府部门

危机公关小组组长需随时准备接待政府相关部门的检查，并向其解释事故原因，主动提交问题解决方案。解决方案包括：妥善答复受害消费者的索赔要求；下架事件所涉及的产品；积极联系权威质检部门；加强对员工质量管理、操作规范方面的培训；邀请政府部门专家定期检查等。此外，对于此事引发的处罚，企业也应虚心接受。

（4）针对新闻媒体

外部沟通组需要与电视台、电台、报纸等传统媒体进行联系，通过发布通稿、视频采访等方式向公众传递企业态度、事情解决进度、未来改善措施等，并向公众致歉。同时迅速在公司官方网站、官方微博以公司名义发布公告，表达公司对此事件的重视、公司对此事件的解决办法、公司的理念、对公众的歉意等。同时，在事件处理的过程中，外部沟通组需要时刻保持与各种媒体的联系，了解媒体动向，尽量减少负面新闻报道。

（5）针对内部员工

内部控制组的工作主要有三项。

① 负责组织人力，协调各部门人力以满足危机公关小组的需要。

② 主持召开员工大会,向员工公布危机事件的真实情况以及公司的解决办法,以杜绝谣言;强调质量的重要性,加强员工的质量意识。

③ 及时向员工通报事件发展进程及公司采取的系列措施,稳定员工情绪。

总之,在发生危机事件时,跨国公司需要及时成立危机公关小组,与消费者、政府部门、新闻媒体、内部员工等做好沟通。只有制定完善的危机公关应对方案,才能够全面进行内外沟通,控制舆论发酵,减少危机事件对企业的影响。

MANAGEMENT OF
MULTINATIONAL CORPORATIONS
IN CHINA

第 5 章
财务管理：防控风险，提高效益

5.1 跨国公司财务管理的难点及对策
5.2 跨国公司财务管理要点解析

当前，全球企业间竞争的加剧和经济危机对跨国公司的发展造成了冲击，企业所面临的问题越来越多。要想破解这种困境，跨国公司就必须着眼于自身财务管理制度，从资金管理、成本管理、汇率风险防范和税务筹划等方面着手调整管理策略，从而规避财务风险，提高跨国公司对抗经济危机的能力，提高经济效益。

| 第 5 章　财务管理：防控风险，提高效益 |

5.1　跨国公司财务管理的难点及对策

跨国公司的财务管理极具复杂性，过度投资、过度赊销、成本过高、汇率变动、税务管理混乱等都会引发财务管理危机，影响跨国公司在中国的发展。为此，跨国公司需要针对中国市场要求，合理调整财务管理体系，解决好以上问题。

5.1.1　资金管理：警惕利润陷阱

对于很多跨国公司而言，中国市场蕴含着诸多机遇、拥有较大的发展空间，为了更快占领中国市场，一些跨国公司采取了不合理的策略，也为其之后的财务管理埋下了危机。

一方面，一些跨国公司为了能够在进入中国之初快速打开市场，采取赊销的方式销售产品，虽然提升了产品销量，却也产生了大量应收账款。应收账款使得企业的资金被大量占用，增加了企业现金流的压力，同时应收账款未及时收回，也可能会形成呆账、坏账等，给企业带来不必要的损失。

跨国公司在华管理

另一方面，一些跨国公司十分热衷于规模效应，在中国市场中开设了一些店铺，取得了初步的成功后，就极力扩张店铺规模，以期获得更多收益。店铺规模的扩张加大了企业的财务支出，削弱了企业财务的抗风险能力，如果企业扩张过度或者在短时间内没有获得预期的效益，那么一旦出现经济波动，企业就会陷入财务危机。

某企业是一家实力强劲的建材连锁品牌，在进入中国市场之初一度所向披靡。自在上海开设了第一家门店后，在接下来的几年时间里，该企业快速扩张，门店遍布全国数十个城市。随着门店的快速扩张，其营业额也得到了爆发式增长，销售额和利润也得到了连年增长，曾创造了销售额一年增长 10 倍的奇迹，利润也得到了成倍提升。

该企业在中国的发展策略无疑是激进的，在刚刚进入中国市场的前三年，其一共只开了 5 家店。但随后改变了策略，将开店速度从每年开 3 家店提升至每年开 7 家店，后来甚至达十四五家店。快速扩张的店铺数量成就了其销售额和利润的辉煌。在快速扩张的模式下，该企业中国区管理者可以向总部提交一个非常漂亮的财务报表，以印证中国公司管理者的能力和英国总部管理者对中国市场判断的正确。

但是，该企业的快速发展只是昙花一现。由于将过多的资金用在了开店扩张方面，其并没有储备足够的现金流。在随后金融危机的冲击下，该企业因现金流储备不足而难以承受重压，开始在中国大规模关店。这使得其在中国的销售收入连年大幅下滑、损失惨重。

无论是赊销模式，还是快速扩张模式，都会在短时间内提高产品销量，提高企业利润，但这些模式也暗藏着财务风险，如果企业缺乏对风险的认知和对资金管理的把控，就会很容易陷入财务危机。为规避以上问题，跨国公司需要做好以下两个方面。

| 第 5 章　财务管理：防控风险，提高效益 |

一方面，跨国公司需要对赊销带来的应收账款进行严格的管理，可以针对应收账款成立专门的部门，并组织人员处理相关工作，提高应收账款的收回效率。在方法方面，可以与债务人进行协商，允许其通过分期付款的方式支付账款，或在应收账款的数额方面进行一定的让步。此外，跨国公司在向客户进行赊销之前有必要对客户的信用情况进行考核评价，只有拥有较好信用的客户才可以进行赊销，以便规避应收账款难以收回的问题。

另一方面，无论是将资金用于店铺扩张、业务扩张还是外部投资，跨国公司都要对这一决策进行评估，评估投资的风险与收益情况，以及企业内部是否留有足够的现金流。如果某一投资在短时间内难以形成收益，或者会引发现金流断裂的风险，那么企业最稳妥的选择就是避免这样的决策。

5.1.2　成本管理：破解成本困境

对于许多跨国公司，尤其是刚刚进入中国市场的跨国公司而言，其往往要付出高昂的成本。**一方面，在跨国公司进入中国市场之初，通常会从企业总部或其他国家派遣外籍管理者来管理中国公司，这需要跨国公司付出更多的人才管理成本；另一方面，由于在中国没有建立完善的供应链或生产链，产品并没有实现本土化生产，因此跨国公司需要付出更高的生产成本。**

以荷兰乳业巨头菲仕兰为例，其在刚刚进入中国市场之初与天津中芬乳品研究培训中心成立了合资公司——菲仕兰（天津）乳制品有限公司。但 8 年之后，菲仕兰将公司的经营权交与天津中芬乳品研究培训中心控股经营，结束了其在中国的乳品生产和经营业务。

菲仕兰的退出与产品的成本与价格密切相关。菲仕兰在中国经营需要付出更高的成本，在管理方面，其派遣了大量高薪的外籍管理者来到中国；在生产方面，虽然菲仕兰通过在中国建厂实现了本地化生产，但是由于竞争压力，其在乳品生产和销售旺季往往难以获得足够的奶源，导致大量生产设备闲置，生产成本大大增加。而中国本土的乳制品企业则没有以上两方面的问题，因此，在成本方面，菲仕兰等国外乳制品企业与中国的乳制品企业相比并没有竞争优势。

同时，当时的乳制品市场竞争激烈，国内的许多乳制品企业纷纷打起了价格战，推出了各种优惠促销策略，而菲仕兰的产品定价本身就比国内的产品高出一截，在这种激烈的价格竞争中，无价可降的菲仕兰自然败下阵来。

以上案例表明，**跨国公司要想在中国生存下来并获得更好的发展，就必须解决好成本的问题，这也是财务管理的重要目标。为此，跨国公司除了任用本土人才降低用人成本外，跨国公司最需要做的就是实现本土化采购和本土化生产。**

本土化的采购和生产是降低跨国公司在中国经营成本的重要手段。在采购方面，跨国公司要更多地与中国的各种供应商合作，降低采购成本；在生产方面，跨国公司可通过在中国建厂、与代工厂合作等方式实现本土化生产。

以特斯拉为例，其在中国生产的 Model 3 连连降价。自 2019 年 10 月将此前的进口价格由 36.39 万元降为 35.58 万元之后，Model 3 几经降价，到 2020 年 10 月，基于中国对新能源汽车的政策补贴以及国产特斯拉的实现，Model 3 的售价降为 24.99 万元。能够实现产品的连连降价,除了政策扶持外,特斯拉倚仗的就是本土化采购和本土化生产。

在本土化采购方面,特斯拉许多的零部件都是在中国采购的,具体如下。

① 电池:特斯拉的电池芯来自松下和 LG 化学,虽然不是中国的品牌,但这两家公司都在中国实现了本土化生产。

② 电驱动系统:中国的旭升汽车技术股份有限公司为其提供电机、减速器壳体等;东睦新材料集团为其提供逆变器粉末冶金零件等;中科三环高技术有限公司为其提供钕铁硼磁体产品。

③ 热管理系统:中国的三花智能控制有限公司为其提供膨胀阀、水冷板等。

④ 内外饰系统:华域汽车系统股份有限公司为其提供座椅整椅、保险杠等产品;岱美汽车内饰件股份有限公司为其提供遮阳板等产品;均胜电子股份有限公司为其提供驾驶员安全气囊、方向盘等产品。

⑤ 底盘系统:拓普集团为其提供轻量化铝合金底盘结构件、车身结构件等产品;广东鸿图科技股份有限公司为其提供支架类产品。

除了采购本土化之外,特斯拉在中国上海建立了超级工厂,实现了生产的本土化。2019 年 12 月,特斯拉在上海生产的首批 Model 3 完成交付;2020 年底,Model Y 也开始于上海工厂进行生产。

此外,建立标准成本管理体系也是提高跨国公司财务管理水平的重要内容。跨国公司需要借鉴其他企业的成本管理经验,建立起标准化的成本管理体系,实现对企业内部整体成本的控制,优化企业项目,加强企业内各生产经营活动间的相互协作,降低企业生产成本。

5.1.3 汇率风险防范：汇率变动影响现金流量

对于跨国公司而言，各国间的汇率对于其公司报表具有深刻影响：**当分公司所在地的汇率上升，将分公司业绩折算成母公司的货币时，就会在财务报表上形成明显的汇率收益；反之，报表上则会出现汇率亏损。同时，汇率的波动越大，跨国公司所受到的冲击就越明显。**

对于跨国公司而言，汇率变化影响整个企业的现金流量价值，也会为企业经营带来风险。汇率变动对企业现金流量的影响与企业的经营方式密切相关。

（1）跨国经营活动

跨国公司的跨国经营活动包括两个方面，一方面跨国公司会因为进口原料、机器等生产要素，产生外币债务；另一方面也会将其生产的产品销往国外，产生外币资产。在这种情况下，汇率变动就会对企业的现金流量造成影响。很多跨国公司在进行国际间的交易时，大多数采取延期付款的方式，而在汇率波动的影响下，跨国公司作为进口方收到的货款可能会少于合同规定的金额；作为出口方付款时也可能会付出比合同规定更高的金额。

（2）资本经营活动

资本经营活动包括从国外资本市场融资、向国外市场投资两种情况。如果企业从国外资本市场融资，则当本币贬值时企业就会遭受汇率风险；如果企业进行跨国投资，则主要面对本币升值带来的汇率风险。有的外币债务需要定期支付利息，有的跨国投资也会定期获得红利，母公司也会不断地向分公司注入资本等，汇率变动都会对以上资本经营活动造成影响。

为规避汇率变动对企业经营造成的不良影响，跨国公司需要做好以下几个方面。

第一，调整货币资产与负债。当跨国公司通过分析、预测，认为某国货币将贬值时，需要尽量减少该国货币的资产，同时增加该国货币的负债，因为币值下降有利于净借方而不利于净贷方；当企业预测某国货币将升值时，需尽量增加该国货币的资产，同时减少该国货币的负债，因为币值提高有利于净贷方而不利于净借方。对于某种汇率不稳定的货币资产，跨国公司也可以将其货币资产与货币负债保持等额，这样一来当汇率变动时，货币资产和货币负债变动的影响可相互抵充，减少企业的损失。

第二，提前收付或延迟收付。针对应收应付账款，跨国公司可以根据相关货币汇率变化情况，更改账款的收付日期，提前收回或延迟支付贬值货币账款，延迟收回或提前支付升值货币账款。

第三，分散风险。在分散风险方面，"一篮子"货币保值法是十分有效的方法。在一些长期合同项目中，跨国公司在签订合同时可以按照当时的汇率情况使用多种货币计价，同时规定好各种货币占总额的比例。付款时按当时各种货币变动后的汇率进行支付。在这种情况下，某一种货币的贬值不会使企业遭受过大的损失，同时，当部分货币贬值、部分货币升值时，货币相互之间贬值、升值的影响可相互抵消，从而能够在一定程度上消除外汇风险。

5.1.4 税务筹划：规避税务风险，减少不必要支出

跨国公司在中国发展的过程中，如果不了解中国的税务制度，没有承担起相应的税务责任，就会引发税务风险。**税收政策变化、税务核算风险、税务统筹风险等都会引发税务风险。**同时，中国制定了许多对跨国公司发展有利的优惠税收政策，如限定地区和产业项目可实行低税率或定期减免税、再投资退税、减免地方所得税等。如果对这些优惠政策了解得不全面，跨国公司就会增加不必要的税务支出。为了规避税务风险、减少税务支出，跨国公司有必要做好税务筹划。

跨国公司在进行税务筹划时，需要注意以下几个方面。

（1）注意全球经营战略

跨国公司在进行税收筹划时，要考虑与总部的全球经营战略相配合。如果跨国公司处于销售产品和抢占市场的阶段，则要重点考虑关税及增值税的筹划；处于特许专营权的转让阶段，则要重点考虑特许专营权转让的预提所得税、无形资产转让的营业税的筹划；处于建立研发区域中心的阶段，则要重点考虑企业所得税的优惠政策，以整体税负最轻为目标进行税务筹划。

（2）考虑企业组织形式及功能

跨国公司在进行税收筹划时，要考虑企业在中国的组织形式和功能。在中国，外商投资企业和外国企业的法律身份不同，税收责任也不同。外商投资企业在中国负无限纳税责任，外国企业在中国负有限

纳税责任。同时，跨国公司也会受到中国市场准入程度的约束，不同类型的跨国公司要得到相应商务部门的批准，经营范围也要经市场监管部门审批许可。因此，跨国公司要充分考虑到商务、市场监管等部门的规定，以减少税收筹划因国家政策变化管理带来的风险，保证税收筹划方案合法、合规。

（3）了解国际税收协调和中国税收制度

跨国公司在进行税收筹划时，要考虑与总部税收安排的协调。由于各国税收制度不同，签订税收协定情况不同，因此跨国公司有必要进行税收协调。例如，很多跨国公司总部所在国签有多边税收转让定价协定，如预约定价法等。跨国公司在进行生产、投资时，要充分考虑与总部税收安排的协调，否则就会因影响企业全球的既定税收方案而被迫进行纳税调整。同时，跨国公司在进行税收筹划时，也要分析中国的税收制度、实际征管水平，以及地方具体的财政政策，保证税务筹划在合法的范围内重复利用各种优惠政策。

（4）分析财务管理手段和人员素质水平

跨国公司在进行税收筹划时，还要分析企业的财务管理手段和人员素质水平。很多跨国公司使用的都是全球一体化的财务软件，同时也兼顾分公司所在国的税务要求。这些财务管理报告系统和税务征管要求往往存在差异，因此，跨国公司为了完成税收筹划目标，往往要配制符合中国税收法规要求的辅助软件，甚至进行复杂细致的人工调账和汇表工作。跨国公司在进行税收筹划时要考虑系统与人工衔接的效率和成本，对财务人员进行合理的安排。

5.2 跨国公司财务管理要点解析

在财务管理上,跨国公司在很多细小的方面都存在多样的选择,如采用怎样的财务管理模式,财务与会计机构是否要分别设立,是建立财务结算中心还是财务公司等。对于这些问题,跨国公司需要分析每一种选择的优劣势和特点,再结合企业的特点及需求做出选择。

5.2.1 财务管理模式:分权式、集权式、混合式

跨国公司财务管理涉及方方面面的问题,其中,跨国公司财务管理模式问题是跨国公司管理者关注的一个焦点。**跨国公司在选择其财务管理模式时,要立足全局、长远地分析现在与未来的市场环境、企业的优势和不足,根据自身的特点和需要选择合适的财务管理模式。**

根据集权与分权的程度,跨国公司的财务管理模式可分为以下三种类型:分权式、集权式和混合式。

(1)分权式

许多跨国公司在财务管理上都采用相对独立的分权模式,即各分公司负责各自的财务核算和财务管理,总部只对分公司进行工作指导,并定期对分公司的财务进行审计。在这种管理模式下,子公司的财务相对独立,区域经理拥有较多的财务决策权。

这种管理模式最大的优点就是使得分公司有较大的灵活性,能根

据市场的变化迅速做出反应，提升财务决策的及时性和合理性。通过分权，总部的财务风险将得以分散，总部管理者也可以将更多的精力放在战略管理方面，同时这种模式也有助于培养分公司管理者的资金成本意识和风险意识，使其更谨慎地做决策。

此外，分权模式也有其不足之处：容易使各分公司财务管理各自为政，缺乏统一性；财务管理缺乏配合；财务管理监管不力等，影响跨国公司整体财务目标的实现。

（2）集权式

在这种管理模式下，跨国公司总部负责筹资、投资、财务分配的决策以及财务政策的制定，分公司拥有很少的决策权，主要的工作就是执行总部统一的财务政策。集权式财务管理模式体现了跨国公司总部对分公司财务活动的全过程控制。通过集权，总部能够规范分公司的财务活动，有利于分公司整体的发展。

美国杨森制药集团采用的就是集权式的财务管理模式。其设在各国的分公司需要将财务与业务数据传递到集团总部，总部会对这些数据进行审核并记账。在分公司开展业务的过程中，其财务花销均以年初预算为依据，非常规性的费用支出需要提出申请，总部批准后才可执行。在这种模式下，公司总部全面掌控着各地分公司的财务信息，可以进行整个集团财务信息的汇总，并对各种成本与收益进行比较分析，掌握整个集团的财务状况。

此外，集权式管理模式也有明显的缺陷，在这种模式下分公司往往灵活性较差，难以根据市场环境的变化快速做出反应，同时过长的信息传递时间也影响了总部决策的及时性。

（3）混合式

混合式管理模式是集权式和分权式相结合的结果，即重大的财务决策权集中在跨国公司总部，而日常的财务决策权由分公司掌握，总部的财务专家向分公司提供财务指导、咨询等服务。

混合式管理模式可分为集权为主、分权为辅与分权为主、集权为辅两种形式。前者体现了集权式模式的优点，还能在一定程度上避免由于权力过度集中而造成的分公司缺乏积极性的问题，有利于总部对分公司的控制，适用于处于发展初期的跨国公司。而后者不但体现了分权制的优点，也加强了企业内部的协调，适用于发展相对成熟、规模较大的跨国公司。

这三种模式各有优劣势。那么，跨国公司在构建自己的财务管理模式时该如何选择？集权、分权都不是绝对的，企业应以整体实力的提升为目标，充分考虑自身因素，结合实际情况选择适合企业发展的管理模式。具体而言，跨国公司需要考虑以下两方面因素。

一方面，考虑企业整体的发展阶段。

对于处于发展初期的跨国公司而言，由于内部各种管理制度还不完善，总部与各分公司在各方面的协调还不成熟，因此处于这一阶段的跨国公司适合集权式模式。集权式模式能够统一总部和各分公司的财务行为，减少各分公司各自为政，盲目追求自身利益的短视行为，以整体的财务资源配置提升企业的整体实力。

当跨国公司的发展趋于稳定，形成了统一的目标和战略后，则可以考虑在集权总体框架下进行初步的分权管理，这样既保证整个企业的利益，又能在一定程度上激发分公司的积极性。

当跨国公司发展到成熟阶段，就可以考虑采用分权式的方式，给

第 5 章 财务管理：防控风险，提高效益

予分公司更大的自主权，这样既能够推动分公司的发展，也能够减轻总部财务管理的压力。

另一方面，考虑企业的组织结构。

对于直线职能式组织结构的跨国公司而言，分公司的发展战略、经营业务等往往和总部具有很强的一致性，同时总部在财务、管理等方面更具资源优势。因此，为了更好地实现企业的发展目标，保持分公司和总部经营活动的一致性，应采用集权式模式。

对于控股及参股公司组织结构的跨国公司而言，分公司往往是总部的原材料供应商或产品分销商，总部在人才、技术等方面的资源相对匮乏，如果过分强调集权管理，则不利于分公司业务的展开。因此，在这种组织结构下，应采用分权式模式。

对于事业部制组织结构的跨国公司而言，各事业部都是相对独立的利润中心，企业按产品、业务等划分为若干个事业部，实行集中领导下的分散经营，适合采用集权与分权相结合的财务管理模式，有利于协调总部和各事业部之间的关系。

总之，跨国公司财务管理的集权和分权没有绝对的衡量指标，企业在构建适合自身的财权分配模式时应充分考虑自身的实际情况，如企业的发展阶段、组织结构等，参照已有的三种主要的财权分配模式进行设计。同时还要根据企业自身情况的变化而变更财务管理模式，以便为企业战略目标的实现提供强劲动力。

5.2.2　财务与会计机构是否分别设立

对于在中国的跨国公司而言，财务机构和会计机构是否分别设立，

可以视企业的具体情况而定。具体情况包括跨国公司的性质、所属行业、经营方向与规模、经营周期、所处环境等。**如果企业的规模较大，投资较多，财务活动比较复杂，就可以分别设立财务机构和会计机构，更细致地进行财务管理；如果企业经营的业务比较单一且侧重生产活动，财务管理活动比较单一，侧重于成本会计管理，那么企业的财务和会计机构就可以合并设立。**

以沃尔玛为例，其就没有单独设立会计部门。沃尔玛采用的是事业部制的组织结构，设有物流与供应链管理部、人力资源政策部、企业文化建设部、信息系统部四个事业部。各事业部有各自独立的产品和市场，实行独立核算。

同时，沃尔玛属于百货商场，主要财务活动就是收银及库存管理，会计职能与财务管理职能的关系十分密切，所以会计与财务合并设置是十分合适的，有利于减少会计凭证的传递环节，提高传递速度，从而提高财务处理效率。同时，这种方式也可以减少信息的传递时间和失真的可能性，从而提高财务管理的及时性、针对性和有效性。

沃尔玛商场的组织结构如图5-1所示。

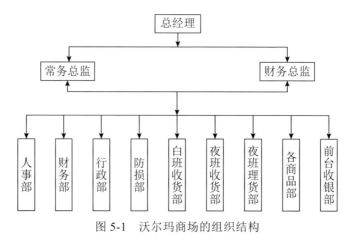

图5-1 沃尔玛商场的组织结构

沃尔玛商场的组织结构为：总经理下设常务总监和财务总监，其下设有人事部、财务部、行政部、防损部、白班收货部、夜班收货部、夜班理货部、各商品部和前台收银部。在以上架构中，财务工作是在财务总监的领导下统一展开的，并没有设立单独的会计机构。

总之，在考虑财务管理机构和会计机构是否分别设立时，跨国公司要综合考虑企业的规模、业务特点、财务管理效率等，根据自身需要做出决策。

5.2.3 设立财务结算中心或财务公司

跨国公司一般拥有多个分公司或分支机构，内部资金活动非常复杂。为了加强对资金的管理，跨国公司可以考虑设立财务结算中心或者财务公司。

（1）财务结算中心

财务结算中心是企业内部建立的，为各分公司办理资金融通和结算的机构，目的是降低资金成本，提高资金使用效率。成立结算中心有助于企业资金统一结算、统一收支和统一管理，避免分公司出现各自为政的状况。

在当今财务共享的时代，许多跨国公司的财务结算中心都升级为了财务共享服务中心。以施耐德电气为例，其就在中国设立了财务共享服务中心，负责所在区域的财务服务，并直接汇报法国总部。截至2022年，施耐德电气财务共享中心已经在中国建立了包括数百人的财务人员团队，规模庞大。

其财务共享服务中心的组织结构是根据财务业务功能而设计的，主要分为四个部分：应付账款、应收账款、资金、总账。每一组都有具体的负责人，负责本组的财务服务，并直接汇报给财务共享服务中心的财务总监。

① 应付账款组：这一组的任务量最多，人数也最多。根据服务对象不同可分为两类：一类负责外部供应商的采购，另一类负责企业内部职工的费用报销工作。这个组的主要工作包括发票信息的采集、记账、审核、支付以及反馈给供应商、对账等。

② 应收账款组：其工作主要面向各业务单位的销售对象，工作内容包括开具收据和发票、处理收到的账款、对账等。

③ 资金组：主要负责出纳工作，内容包括现金的收和付；银行结算等相关工作；保管库存现金、有价证券、印章等物件及财产。

④ 总账组：主要负责会计核算、期末关账及出具财务报告。

财务共享服务中心的建立无疑提高了施耐德电气的财务工作处理效率，也能够为其他决策提供更加全面的财务数据支持。

（2）财务公司

财务公司是指依法设立的，为企业提供金融服务的非银行金融机构。其不是跨国公司总部的财务管理机构，而是自主经营、自负盈亏的金融企业。其业务包括：分公司存款、委托贷款、委托投资、内部转账结算、票据承兑、资信调查、经济咨询等，目的是提高企业的财务资金配置效率和效益。

松下电器就是在中国建立财务公司的先驱。2007年，经中国银监会批准，松下电器（中国）有限公司在上海建立了松下电器（中国）

财务有限公司。松下电器曾表示,建立财务公司主要是为了加强其在中国分公司的资金集中管理,并提高资金使用效率,进一步推动其业务在中国的发展。

此外,对于跨国公司而言,建立财务公司并不是一件十分容易的事,必须符合在中国设立财务公司的规定。《中国银保监会非银行金融机构行政许可事项实施办法》对在中国设立财务公司的企业做出了规定。

"第八条 申请设立财务公司的企业集团,应当具备以下条件:

(一)符合国家产业政策并拥有核心主业。

(二)最近1个会计年度末,按规定并表核算的成员单位的总资产不低于50亿元人民币或等值的可自由兑换货币,净资产不低于总资产的30%。

(三)财务状况良好,最近2个会计年度按规定并表核算的成员单位营业收入总额每年不低于40亿元人民币或等值的可自由兑换货币,税前利润总额每年不低于2亿元人民币或等值的可自由兑换货币;作为财务公司控股股东的,还应满足最近3个会计年度连续盈利。

(四)现金流量稳定并具有较大规模。

(五)具备2年以上企业集团内部财务和资金集中管理经验。

(六)母公司最近1个会计年度末的实收资本不低于8亿元人民币或等值的可自由兑换货币。

(七)母公司具有良好的公司治理结构或有效的组织管理方式,无不当关联交易。

(八)母公司有良好的社会声誉、诚信记录和纳税记录,最近2

年内无重大违法违规行为，或者已整改到位并经银保监会或其派出机构认可。

（九）母公司入股资金为自有资金，不得以委托资金、债务资金等非自有资金入股。

（十）权益性投资余额原则上不得超过本企业净资产的50%（含本次投资金额）；作为财务公司控股股东的，权益性投资余额原则上不得超过本企业净资产的40%（含本次投资金额）；国务院规定的投资公司和控股公司除外。

（十一）成员单位数量较多，需要通过财务公司提供资金集中管理和服务。

（十二）银保监会规章规定的其他审慎性条件。"

总之，对于跨国公司而言，可以根据自身需求设立财务结算中心或财务公司。一般而言，**如果跨国公司集权程度较高，分公司与总部之间的资金往来便利且资金转移成本较低，则可以设立财务结算中心；如果跨国公司分权程度较高，分公司拥有较多的自主权，则设立财务公司更为可行。**

MANAGEMENT OF
MULTINATIONAL CORPORATIONS
IN CHINA

第 6 章

产品本土化：聚焦于消费者的喜好和需求

6.1 产品"水土不服"，忽视消费者需求
6.2 产品创新：聚焦区域市场需求

在中国市场刚刚对外开放之初,由于跨国公司在产品制造和技术方面存在优势,加之中国消费者对进口产品的认可,一度出现国外产品供不应求的局面。但现在随着中国市场的发展和国内企业的崛起,消费者的认知和消费需求也在不断升级,在这种情况下,一些跨国公司产品升级的速度跟不上消费者需求的变化,逐渐失去了魅力。要想在中国获得长久的发展,跨国公司就需要关注中国消费者的需求和偏好,并据此推出定制化的产品。

6.1 产品"水土不服",忽视消费者需求

许多跨国公司在中国未能获得发展或未能获得长久发展的原因就在于产品的失败。一些跨国公司在中国市场引入产品时未进行适应性改变,或者在意识到产品深受消费者喜爱之后沉溺于这种辉煌,没有注意到消费者需求的变化并及时推出新品。此外,由于国内外产品理念的不和,一些跨国公司的产品难以被中国消费者接受。这些产品"水土不服"的症状都显示了这些跨国公司对中国消费者个性化需求的忽视。

6.1.1 照搬国外产品,缺少适应性改变

很多跨国公司的产品在本国大受欢迎,发展态势良好,基于这种对产品的自信,一些跨国公司在进入中国市场时不屑于进行市场调查,只是将在其他市场中反响良好的产品投入中国市场。但由于消费习惯、文化习惯等方面的差异,这些产品往往会受到中国消费者的排斥。

在这方面,某快餐品牌就是很好的例子。该品牌是一家源于美国

的快餐连锁店,主要出售三明治和沙拉。在国外,其产品受到很多消费者的喜爱,但是在中国,很多国内的消费者却对其产品"无感"。

首先,在国外,健康和价格便宜是该快餐产品的定位,但在中国,这两点都没有成为其产品的优势。在健康方面,在国外,其主打产品——三明治和沙拉的确比汉堡、炸鸡等快餐更加健康,其宣传也比较有说服力。但在中国,未经烹饪的生蔬菜不符合大多数消费者的健康理念,同时店里的碳酸汽水、高糖曲奇、薯片等食品也削弱了其一贯宣传的健康理念。在价格方面,在国外,消费者可以用5美元买到一个12英寸❶、荤素结合的三明治,是美式快餐里相对实惠的选择。但是在中国,一个6英寸三明治往往会卖到15～30元,这个价格并不便宜。

其次,该快餐的冷食及产品研发并不符合中国消费者的饮食习惯。其三明治里有大量生蔬菜,为了不影响蔬菜的口感,面包也会放冷后再做三明治,因此,很多三明治都是凉的。这并不符合中国消费者喜欢热食的习惯。同时,其三明治酱料也保留了美式的原汁原味,并没有针对中国市场进行改变,也没有及时推出适合中国消费者的产品,因此很难受到更多消费者的认可。

最后,该快餐不符合中国消费者喜欢聚餐的消费习惯。在其店内,每个消费者能够根据自己的喜好定制属于自己的三明治,但他们也只是各自吃着自己的三明治,并不符合中国消费者喜欢热闹、喜欢分享的饮食习惯。

与其相对的,麦当劳、肯德基、必胜客等快餐品牌都在产品方面进行了适应性改变。例如,为使产品的价格更容易被中国的消费者接受,麦当劳在中国实行了不同于其他市场的定价体系,同时推出了川

---

❶ 1英寸=2.54厘米。

第6章 产品本土化：聚焦于消费者的喜好和需求

香双鸡堡、麦辣鸡腿堡等更适合中国消费者口味的产品。同时，针对中国消费者喜欢聚餐的消费习惯，肯德基推出了全家桶，必胜客也推出了多种分享装的产品。

总之，如果跨国公司在产品方面照搬国外产品，缺乏适应性改变，那么就很难撬动消费者的消费需求。只有针对中国消费者的具体需求对产品进行适应性的调整，才能够更好地融入中国市场，获得消费者的认可。

6.1.2 沉浸于往日辉煌，未及时进行产品迭代

很多跨国公司在刚刚进入中国市场时，由于在技术、资金、人才等方面占有优势，因此获得了很好的发展。很多消费者愿意花费更多的钱购买跨国公司生产的质量更高、技术更先进的产品。

但随着中国经济的发展，国内的很多企业也有了很大进步，不仅实现了技术进步、人才培养以及全供应链建设，更出现了华为、格力等具有独立知识产权、技术世界领先的强势企业。这些企业在与国内的跨国公司竞争时，不仅能够提供高品质的产品，同时在价格方面更具优势，更符合中国消费者的使用需求。这使得跨国公司原本的市场份额被一步步蚕食。

很多跨国公司在中国发展的历程中，都有这样的疑惑：为什么消费者越来越挑剔了？为什么以往的定价策略失效了？**一些跨国公司曾在中国市场称霸一时，但如今的发展却愈发艰难，其中很重要的一个原因就是他们对于市场的反应太慢了，并没有根据市场需求及时进行产品迭代。**

中国的市场环境不断变化、国内的企业也在不断成长，在这种情况下，一旦跨国公司被往日辉煌蒙住了双眼，跟不上市场的变化，没有及时进行产品更新，就会遭受重大打击。

在产品更迭方面，某日化企业就因反应慢而遭受了中国本土品牌的围攻。以居家护理产品为例，欧美从洗衣粉进化到洗衣液历经了约30年的历程，因此该企业并未对这一转变引起重视。但是，中国从洗衣粉跨度到洗衣液只花费了5年的时间。在这期间，中国的洗护品牌蓝月亮、立白等快速成长，快速占据了大部分市场份额。而当该企业在中国推出洗衣液时，市场大势既定。同时，在美容战线上，当中国日化市场开始兴起"草本""天然"等概念时，自然堂、云南白药等本土品牌迅速迎合浪潮推出新产品，而其草本产品又一次姗姗来迟。

该企业因为对市场反应迟钝而错失了发展的机会，这也是许多跨国公司在中国逐渐衰落的原因。对于这些跨国公司而言，其衰落的原因并不是其技术和财力难以支撑起进行产品创新，而是沉溺于往日的辉煌中，忽视了市场格局和消费者需求的变化，最终被本土企业赶超。

或许一些跨国公司在曾经市场的追捧中辉煌过，但是市场不是永恒不变的，企业也需要始终聚焦不断变化的市场和消费者需求，并通过产品的更新换代不断满足消费者需求。如果做不到这一点，那么跨国公司最终会在激烈的市场竞争中败下阵来。

6.1.3 理念不合，产品难以被接受

中国的养老市场日益活跃，吸引着越来越多的跨国公司涌入。日本某株式会社就于北京成立了独资子公司，随后建立了老年看护服务中心。

第 6 章　产品本土化：聚焦于消费者的喜好和需求

这是第一批进入中国市场的养老跨国公司。作为养老服务运营商，该企业在日本已建立了几十家养老服务机构，并在泰国、尼泊尔、缅甸等国家获得了初步发展。但是，在进入中国市场之后，由于经营理念不同、日式护理方式难以被中国消费者接受等原因，其在中国的发展并不顺畅。

该企业最初设立的养老院只提供 10 张床位，与普遍具有上百张床位的本地养老院相比，这无疑是"微型养老院"。该养老院建立的目的主要不在于获利，更多的是作为一个窗口，以此了解中国养老市场的消费能力。

随后，该企业扩大了场地，占据了整个三层复式公寓，面积约 400 平方米。其使用的床铺、器械等是从日本进口的，也会对护理人员进行专业培训。在该养老院，每人每月收费在 5000～10000 元，包含食宿费和不同等级的护理费。

尽管服务良好，但养老院前期的入住率一直未满。这其中，理念不合是最大难题。日本养老院的服务方式是"介护"，主要目的是帮助老年人完成更多其力所能及的事情，但中国的消费者，即老年人的子女对这一护理方式的接受程度并不高，希望养老院能够提供更全面的服务，使亲属获得更好的体验。

正是基于这种养老理念的不和，该企业在进入中国市场之后并未获得消费者的认同，这也为其在中国的发展造成了阻碍。**不同的国家在思想观念方面可能存在差异，这使得其设计产品的理念也各有不同，如果产品理念与中国消费者传统的认知相违背，自然无法激起消费者的消费欲望。**因此，跨国公司有必要分析自身产品理念与中国消费者的观念是否契合，如存在违背之处，就需要对产品进行适当调整，使产品更好地被消费者所接受。

6.2 产品创新：聚焦区域市场需求

要想使产品得到中国消费者的认可，企业得以发展壮大，跨国公司就需要聚焦中国市场及消费者的需求，积极进行产品创新。在这方面，跨国公司不仅要基于中国消费者的需求打造本土特色产品，还可以从中国的优秀传统文化中汲取灵感，设计各种具有"中国风"的产品。同时，消费者的需求在不断变化，跨国公司也需要随机而动，进行长久、持续的创新。

6.2.1 聚焦消费者需求，打造本土特色产品

在进入中国市场时，**跨国公司必须要思考产品与中国消费者的需求是否契合，并聚焦中国消费者的需求，打造本土特色产品。**

作为全球最大的饮料公司，可口可乐就十分关注中国消费者的需求。为了开拓中国市场，可口可乐推出了旗下第一款果肉果汁饮料——美汁源果粒橙。在将果粒橙推入中国市场之前，可口可乐就对中国消费者进行了深入调查。除了必要的口味调查之外，可口可乐甚至调查了中国消费者的情感需求。

经过一番调查，可口可乐得出这样一个结论：消费者都比较关心自己的健康，希望拥有健康的生活。回到产品本身上，可口可乐需要了解中国的消费者为什么要喝果汁，从中得出消费者在饮用果汁方面的好处。针对中国消费者对于健康的需求，可口可乐推出了含有果肉的果汁果粒

第6章 产品本土化：聚焦于消费者的喜好和需求

橙。果汁里有果肉，能让人联想到自然、营养、健康等，同时能够带给消费者与众不同的口感，加深了产品在消费者心中的印象。

此外，在产品口味的独特性和本土化方面，可口可乐也推出了多款"中国味"饮料。例如，2020年末，可口可乐推出了美汁源苹果醋饮料，率先在广东省部分地区上市。可口可乐经过消费者调研发现，"果醋饮料"既符合中国消费者对于好喝口味的要求，也符合其对于健康果汁的要求。基于对消费者需求的研究，可口可乐推出了低糖零脂的苹果醋饮料。

再如，可口可乐了解到，相较于其他国家的消费而言，中国的消费者对于热饮尤为青睐。为了满足这一需求，可口可乐不断加码热饮市场。2019年冬，可口可乐推出了美汁源香蜜柚子果味饮料。2020年10月起，可口可乐又陆续推出了COSTA咖世家红茶拿铁奶茶饮料、美汁源桂香暖梨果味饮料等多款热饮产品。基于此前的市场调研，新上市的产品在口味、包装方面全面升级，更好地贴近了中国消费者的饮用习惯和口味偏好。

2020年12月，可口可乐又推出了一款专为中国消费者研制的热饮产品——"可口可乐生姜+"汽水。这是可口可乐第一款可加热饮用的汽水产品，打破了消费者对汽水冷饮的固有印象。"可乐煲姜"是中国常见的一种可乐DIY饮用方式，而"可口可乐生姜+"汽水免去了复杂的制作过程，只需将饮料加热，就可以体验美味的姜汁可乐。

总之，在聚焦消费者需求、打造新产品方面，跨国公司不仅要关注消费者的口味、消费需求等，还要分析消费者的各种偏好，以此有针对性地研发并推出新产品。

6.2.2 基于本土文化进行适应性创新

除了基于中国消费者的个性化需求打造本土特色产品外，要想产品被更多的消费者认同，**跨国公司还要基于中国的本土文化进行适应性创新**。在这方面，许多跨国公司对中国风的产品设计情有独钟，但由于缺乏对中国文化的深刻理解，因此对中国风存在一种误解，认为将产品与中国红、十二生肖等元素融合在一起，就体现了中国风。但事实上，中国风不等同于中国红、十二生肖等元素。**中国文化博大精深，中国风的元素也有其文化底蕴和不同的寓意，如果只是浮于表面地为了迎合消费者的喜好而推出所谓的"中国风限定产品"，则会让中国风失去原有的风采。**

此外，也有很多跨国公司，尤其是美妆界的跨国公司在基于本土文化的创新方面做出了良好示范。

例如，欧莱雅就曾与中国国家博物馆合作推出了限量款口红礼盒。该礼盒共有 5 款口红，将"明星色号"与"古典美人"融合在了一起，如图 6-1 所示。

图 6-1 欧莱雅与中国国家博物馆联名礼盒

第6章 产品本土化：聚焦于消费者的喜好和需求

该礼盒的设计灵感来自于中国国家博物馆馆藏清代仿仇英《千秋绝艳图》，该图描绘了约六十位历朝历代的著名女性，而此次礼盒设计就将时尚与古典相融合，选取其中五位女性代表五种不同的颜色，表现出了不同的古典美。

该礼盒上线后，获得了许多消费者的称赞，纷纷表示"太美了""每一款都让人心动"。相比于"中国红＋十二生肖"的中国风设计，欧莱雅这种古风古韵的包装设计显然更得消费者的欢心。

除了选择和中国国家博物馆合作外，也有许多国外的美妆品牌选择和故宫进行跨界合作，推出联名款产品。例如，美国美妆品牌雅诗兰黛旗下的MAC（魅可）就与故宫联名推出了2020年"新年限定"系列彩妆，包括口红、唇釉、眼影盘、修容饼、腮红盘等产品，如图6-2所示。

图6-2　MAC与故宫联名"新年限定"系列

MAC习惯以大胆创新的色彩和突破传统的理念演绎不同的风格。此次联名系列的包装灵感来源于中国宫廷瓷器中极具特色的瓷胎画珐琅釉彩，并配以精美细致的传统宫廷纹饰，以古代宫廷文化为设计的主要元素。

以该系列的口红为例，其设计灵感来源于清康熙画珐琅勾莲纹菱花式盘，选取其中的牡丹，搭配并蒂莲、忍冬纹及祥云图案，寓意新的一年好运连连，如图 6-3 和图 6-4 所示。

图 6-3　MAC"新年限定"系列口红

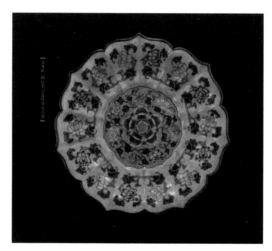

图 6-4　清康熙画珐琅勾莲纹菱花式盘

| 第 6 章　产品本土化：聚焦于消费者的喜好和需求 |

在产品创新的过程中，跨国公司要避免中国风元素的运用流于表面，敷衍的设计难以获得消费者的欢心。而跨国公司与中国国家博物馆、故宫博物院等机构合作，不仅能够借对方深厚的文化底蕴挖掘更丰富的中国风元素，还能够借对方的 IP 影响力获得更好的营销效果，提高产品的知名度。

6.2.3　随机而动，不断推陈出新

市场中的竞争是十分激烈的，**一款产品推向市场后，势必会面临同质化的问题，同时消费者的需求也在不断变化、升级，因此跨国公司一定要时刻关注市场及消费者需求的变化，不断推陈出新。**

美国著名的医疗卫生保健品公司强生在产品推陈出新方面就做得十分出色。2020 年 11 月，在第三届中国国际进口博览会（以下简称"进博会"）上，强生以"创新驱动助力健康中国"为主题，亮相了众多创新产品。其中包括为中国市场定制的露得清维 A 醇系列、美国专业 OTC 生发品牌 Rogaine 培健以及为中国消费者定制的新口味李施德林第三代漱口水等。

强生依托大数据洞察消费者需求，有针对性地引进海外品牌并加速产品研发，快速占领了诸多细分市场。近几年来，中国的消费者对于"更美""更健康"的需求呈爆发式增长。针对这一现状，强生基于自身在大健康领域的布局，引进了多样的新兴细分领域的健康品牌，以满足消费者的需求，同时加速产品研发，快速进行消费品产品的更迭。强生消费品中国区总裁邓旭曾表示："关于健康的新需求和新消费场景，我们有着丰富的全球品牌和产品储备，也希望能通过这些品牌和产品更好地服务中国消费者。"

在新品引进方面，除了 Rogaine 培健之外，强生还通过此次进博会引进了美国美妆连锁 ULTA BEAUTY 中的高端抗老护肤品牌爱诗妍。事实上，强生每年都会引进新品牌进入中国市场，而进博会就是这些品牌落地的重要窗口。借助进博会的支持，强生在几年间快速引入并孵化了十余个品牌，涉及护肤、母婴、大健康消费等多个领域。其中多个品牌快速成长为该品类的领军品牌，如北美天然护肤品牌艾惟诺已经成为中国销量领先的母婴洗护品牌，日本功能性护肤品牌城野医生的 Labo Labo 毛孔收敛水也获得了极高的销量。

在新品研发方面，强生推出的全新露得清维 A 醇系列于此次进博会首发亮相，这正是基于对中国消费者需求的洞察，为中国消费者定制的升级维 A 醇抗老产品。同时，第三代李施德林漱口水也于进博会线下首发，百香果西柚、黄瓜芦荟口味等正是基于大数据分析，为中国消费者定制的新口味。

除了有计划地引进新品和推出新品外，强生也能够根据市场的突发变化迅速做出反应。2020 年初，由于新冠肺炎疫情的暴发，消费者对于消毒液产品的需求大大增加。在这一关键时期，强生将一款此前在海外上市的邦迪抗菌洗手液快速升级为邦迪免洗消毒液，并迅速在中国实现生产。这款消毒液产品从研发到上市，仅仅用了 2 个月的时间。邦迪免洗消毒液的研发和上市也刷新了强生消费品新品上市的速度，做到了和时间赛跑。

强生对于产品创新的坚持是很多跨国公司都需要学习的。跨国公司不仅要有计划地进行产品的更新和迭代，还要时刻关注市场动向，随机而动，快速抓住市场变化过程中的新机遇，从而及时推出新产品，抢占新的市场。

MANAGEMENT OF
MULTINATIONAL CORPORATIONS
IN CHINA

第 7 章
供应链本土化：选择合适的"纽带"

7.1　找准节点，打通本土供应链各环节

7.2　选育结合，加强管理，培养优质供应商

2020年，在新冠肺炎疫情的影响下，许多在中国经营的跨国公司都遭遇了供应链紧张甚至是断裂的危机，这也使更多跨国公司将目光瞄准国内，开始寻找本地合作伙伴，搭建完善的本土化供应链。在这一过程中，跨国公司需要找准节点，从研发、采购、生产、增值服务等各环节搭建本土化供应链，并做好供应商的管理，不断吸收、培养优质供应商。

第 7 章 供应链本土化：选择合适的"纽带"

7.1 找准节点，打通本土供应链各环节

在打造本土化供应链方面，不同类型的跨国公司选择了不同的方法。有的跨国公司在中国与高校或其他科研机构合作，建立了本土化研发中心；有的跨国公司积极联系上游供应商，力求实现本土化采购；有的跨国公司通过寻找代工厂或自建工厂的方式，实现了本地化生产；而有的跨国公司积极寻找本土增值服务伙伴，为国内消费者提供更贴心的增值服务。跨国公司可以从以上几方面出发，打通本土化供应链的各个环节，建立完善的本土化供应链。

7.1.1 寻找研发伙伴，建立本土研发中心

对于很多跨国公司而言，中国蕴含着巨大的市场，为了加深本土化进程、更好地把握中国市场的脉搏，**很多跨国公司都在中国建立了本土化研发中心，研发领域主要集中在汽车、通信、电子、生物医药等高新技术行业**。

作为以研发为基础的生物制药公司，辉瑞始终非常重视在药品研

发方面的投入和研发水平的提升。为了研发出更多适合中国市场的产品，抢占更多的市场份额，辉瑞在中国建立了研发中心。经过十余年的发展，辉瑞中国研发中心成了辉瑞亚太地区重要的研发枢纽，为辉瑞生物及化学制药产品线的开发项目提供了重要的支持。

在十余年的发展过程中，辉瑞中国研发中心的规模和研发能力也大大提升。其在北京、上海、武汉等地设立了研发机构，拥有各类研发人员1800余名。同时，辉瑞中国研发中心还和北京大学、清华大学、中国科学院等中国顶尖的学术机构建立了长期合作关系，共同进行各类药物开发、研究，并进行人才教育培训，加速其在中国的创新。在不断发展的过程中，辉瑞中国研发中心也在不断提升其本土化研发能力，持续深化多方合作。

除了辉瑞之外，西门子也十分重视本土化研发工作，除了在北京、上海、苏州等地成立西门子中国研究院之外，西门子还在南京设立了开发中心，在青岛、无锡、武汉等地设立了创新中心。同时，西门子中国研究院与清华大学、北京交通大学等高校达成合作，将共同进行在人工智能、边缘计算、自动化方面的研究。

聚焦于自动化、数字化业务方向，西门子中国研究院提出了在中国研发工业机器人的构想，并得到了海外总部的支持。随后，西门子中国研究院联合清华大学成立了先进工业机器人联合研究中心，共同进行工业机器人的研发。除了这一重要项目外，西门子中国研究院还会协助西门子各个业务部门进行数字化转型，开发适用于各业务领域的新产品或解决方案，助力企业发展。

除了辉瑞、西门子之外，微软、杜邦、通用电气等知名跨国公司也在中国建立了研发中心。作为供应链的重要环节，越来越多的跨国公司开始寻找本土研发伙伴，建立本土研发中心，推进本土化进程。

7.1.2 寻找零部件供应商，实现采购本土化

一些跨国公司在进入中国市场的过程中，虽然已经在中国进行了长时间的产品销售，却并没有建立本土化的采购供应链，依旧依靠海外供应链支撑企业在中国的发展。在这种情况下，运输成本、关税、汇率风险等都会使跨国公司付出更多的采购成本，同时采购时间的延长也加大了企业合作的风险。为了降低采购成本，提高供应链的竞争力，跨国公司有必要在中国市场中寻找零部件供应商，实现采购本土化。

本土化战略是许多汽车跨国公司近年来不断强调的重点，而系统化的零部件采购是本土化供应链中至关重要的一环。车型和零部件生产的本地化程度不断提高，能够使企业降低生产成本，从而降低产品价格，提升产品的市场竞争力。

丰田汽车就在实践中意识到了本土化采购的优势，并搭建了本土化采购体系。在进入中国市场之初，丰田汽车十分依赖日系供应商提供零部件，较高的物流成本使得汽车售价居高不下。之后，丰田汽车逐步与更多的本土零部件供应商进行合作，在完善供应体系的同时也降低了物流成本，汽车售价也因此有所下降。

在与本土供应商进行合作的时候，一些供应商并不具备丰田汽车要求的质量标准，为此，丰田汽车制定了"培育型采购体系"的采购方针，派出技术人员为供应商提供指导，共同提高零部件的品质。在供应商达到公司的品质标准后，丰田汽车再将其纳入供应体系中。这

样运作的方式既降低了成本，又提高了品质。

除了丰田汽车外，许多汽车跨国公司也进行了本土化采购的部署。福特中国也与多家本土企业进行合作，实现了车身、发动机、驱动底盘等诸多方面零部件的本土化采购；通用汽车引入 Ultium 全球电动车平台，该平台实现了超过 95% 的零部件本土化采购。

本土化采购是打造本土化供应链的重要一环，跨国公司能够通过实现本土化采购充分利用中国市场的资源，更好地实现企业的发展目标。

7.1.3 建设生产基地，实现本地化生产

一些跨国公司在进入中国市场之后，只是进行零件组装、销售等业务，并没有实现本地化生产，而依托国外供应链进行生产，则会使跨国公司承担更多的供应链风险，**一旦国外市场、环境发生变动，其在中国的发展也会大受影响**。2020 年至今，受全球新冠肺炎疫情影响，许多国家和地区不得不停止生产，这也使得许多跨国公司不得不停下了在中国发展的脚步，而 GE（通用电气公司）却能够在中国经济复苏后快速恢复生产，这得益于其在中国建立了完善的本地化生产网络。将产能靠近市场，是应对供应链风险的有效手段。

燃气轮机业务是 GE 的主营业务之一，从最初只有几个销售代表到在中国设立燃气轮机维修服务中心，GE 的燃气轮机业务在中国逐步获得了发展。2020 年，GE 与哈电集团共同打造了燃气轮机制造基地，实现了燃气轮机本土制造。该制造基地将从燃气轮机组装等基础生产工艺展开，逐步实现燃气轮机热部件的本地生产。

第 7 章 供应链本土化：选择合适的"纽带"

除了在燃气轮机业务方面建立生产基地外，GE 还依据不同的业务建立了不同的生产基地，不断完善本地化生产网络。例如：GE 在北京建立了影像设备制造基地，生产 CT 成像系统、手术机等设备；在上海建立了造影剂生产基地，生产的造影剂不仅为本地市场供货，更向全球市场供货；此外，还在天津建立了磁共振成像系统生产基地，在无锡建立了超声产品生产基地等。

GE 看到了中国市场的潜力以及在人才供应和产业链等方面的机遇和优势，因此不断深耕中国市场，布局本地化生产。而依托本地化生产的巨大产能，GE 不仅能够更好地在中国发展，还能够为其在国际的发展提供助力。

除了 GE 之外，很多制造领域的跨国公司，尤其是汽车品牌都在积极布局本地化生产，以实现更好的发展。大众汽车就正在加速电动汽车核心零部件的本地化生产。2020 年 11 月，大众汽车纯电动 SUV 的电机产品 APP310 在大众汽车自动变速器天津有限公司举行了新品发布会。APP310 产品的投产表明了大众汽车在电动汽车零部件本地化生产方面的布局。

自大众汽车自动变速器天津有限公司成立以来，持续为大众汽车供应 DSG 双离合自动变速器，为其零部件本地化生产奠定了基础。经过几年的发展，新能源汽车零部件也正式投产，开启了大众汽车在中国电动汽车核心零部件的本地化生产的大门。

此外，宝马、福特、通用等企业已经在中国建立了生产基地，无论是出于对成本的考虑，还是出于对供应链风险的考虑，更多的跨国公司都意识到了本地化生产的重要性。

7.1.4 寻找增值服务伙伴，提供更贴心的增值服务

大型跨国公司在国外往往会形成一种"众星捧月"的局面，周围聚集着各领域的公司，为其产品提供各类增值服务，这使得很多软件的外挂程序能够提供丰富多样的功能，如苹果应用商店会不间断地推出一些学习或时间管理方面的App。在这些增值服务伙伴的帮助下，跨国公司的产品运作也更加得心应手。

然而当这些跨国公司进入中国以后会发现，可能**有些增值服务在中国市场是缺失的，同时一些非本土化的增值服务也并不被市场所接受**。为此，跨国公司的竞争力可能会受到影响。**为解决这一问题，跨国公司就需要找寻在中国市场的合作伙伴。**

2021年1月，在线支付服务商PayPal正式全资控股国付宝，这意味着PayPal正式打开了进入中国市场的大门。PayPal在中国的业务目标是成为深入用户多方面生活场景的超级数字钱包，在2020年还推出先买后付的分期消费功能，意在涉足更多消费场景。

事实上，PayPal针对中国市场早有布局。PayPal在中国和海外拥有非常丰富的商户网络和个人客户，其核心业务就是联系海内外，为用户牵线搭桥。简单来说，PayPal在中国的主营业务是帮助中国的商户高效、便捷地把商品卖到海外，同时帮助这些商户把钱收回来。PayPal将目光集中在跨境业务上，这样既能发挥自身用户优势，又能避免和支付宝、微信等国内支付巨头的正面竞争。

针对中国市场，PayPal进行了增值服务的本地化更新，推出了快速情景支付和商户微信账号。

PayPal快速情景支付同时适用于PC端与移动端，能够帮助中国

的商户为全球消费者提供便捷的支付体验。在 PC 端，加入 PayPal 快速情景支付功能的商户页面支持消费者在同一网页实现快速结账；而在移动端，升级后的 One Touch TM 功能使消费者能够通过简单的几次点击，就能够完成订单支付。快速情景支付功能通过精简支付流程，能够帮助商户提升交易转换率。

而 PayPal 推出的商户微信账号功能，能够使中国的商户在"PayPal 外贸帮"微信公众号中绑定自己的 PayPal 账户。商户通过授权、确认等简单操作，即可在微信公众号中查询 PayPal 账户余额和交易明细，能够随时随地掌握账户动态。

此外，PayPal 还和阿里速卖通、百度钱包等进行合作，通过支付平台帮助速卖通上的商户出口商品，同时，百度钱包用户可以在境外通过 PayPal 进行支付。加深和中国知名支付企业的合资与合作，是 PayPal 在中国市场布局的一项策略。截至 2021 年末，PayPal 已经与阿里巴巴、百度、银联、VISA 都建立了战略合作伙伴关系，这些伙伴不仅会使 PayPal 吸引更多的国内用户，还会为用户提供更多、更贴心的增值服务。

7.2 选育结合，加强管理，培养优质供应商

跨国公司与供应商的关系是合作共赢的关系，因此，跨国公司不仅要做好供应商的控制，也要做好供应商的培养，打造高水准的供应商团队。在选择供应商时，跨国公司不能只关注短期利益，也要看到

长期发展，同时对供应商的管理也不是一蹴而就的，这是一项长期、持久的工作。在对供应商进行管理的过程中，跨国公司需要加强品控，平衡成本与质量的关系，同时定期对供应商进行绩效考核，并据此为供应商提供绩效指导或进行供应商调整。

7.2.1 供应链管理不等于货源管理

在对供应商进行选择与管理的过程中，许多跨国公司都会陷入一个误区，把供应商管理单纯地理解为货源管理。在确定自己的供应商可以为自己提供想要的货源后，就可以将其确定为企业的供应商；在发现供应商的供货出现问题时，也会毫不犹豫地将其舍弃。这些跨国公司往往有很多供应商，但合作关系并不固定。

为什么一些跨国公司会选择这样的方式与供应商合作？原因就在于这样一来跨国公司能够同时在多家供应商中做选择，不仅能够保证供应的连续性，还能在供应商的相互竞争中降低采购成本，甚至通过分配采购数量对供应商进行控制。但这种追求供应商的数量而不重视与供应商的长期合作的行为就会使供应商管理变为货源管理。

在这种简单粗暴的管理模式下，在供应商的选择和管理中就忽视了供应商的长期价值。**如果跨国公司没有和供应商建立长期、稳定的合作关系，就难以形成良好的供需关系，一旦遇到市场波动，那么本不紧密的供应链就会断裂，给企业的运营造成打击。**

稳定、优质的供应商是跨国公司的竞争力来源之一，能够降低企业的经营风险。跨国公司不能只将供应商管理当作货源管理，在对供应商进行管理的过程中，需要规避以下误区。

第 7 章 供应链本土化：选择合适的"纽带"

（1）无节制压低单价

如果跨国公司只将供应商当作货源，那么每家供应商都只是众多供应商中的"之一"，跨国公司通过供应商进行采购或生产的原则也变成单纯的比价。基于"价低者得"的原则，供应商可能会以次充好，引发企业后续的诸多管理问题。

（2）单纯进行监管和处罚

一些跨国公司会对供应商有诸多抱怨，当供应商出现供应不足、货源品质差等问题时，不会对供应商提供任何帮助，只是进行更严格的监管，甚至对供应商进行严厉的处罚。而这种行为只会加剧双方之间的矛盾和不信任，一旦发生问题，双方的关注点也会聚焦在责任推诿上，而不会齐心协力地解决问题。

（3）频繁更换供应商

当供应商被当作货源时，跨国公司并不在意由谁提供产品，只在意合作的价格，所以可能会频繁更换供应商。这十分不利于跨国公司与供应商建立信任、稳固的合作关系，不仅会加大双方之间的摩擦，当遭遇市场波动或面对其他企业的邀约时，跨国公司很可能会被供应商抛弃。

从短期来看，将供应商管理当作货源管理可能会使企业获得更多的收益，但从长期来看，这样的模式不利于企业整体实力的提升和可持续发展，也难以建立竞争优势。

7.2.2 多维分析，选择最合适的供应商

挑选供应商是一件十分严谨、重要的事情，只有对供应商进行严格的考察，对其综合能力及条件进行分析，跨国公司才能够从众多的供应商中选择出最适合自己的供应商。

作为一家业务遍及世界各地的国际化公司，戴尔在很多地方都建立了采购中心。由于戴尔有很多供应商在亚洲，戴尔的全球采购中心在中国设计了亚洲团队，负责在中国及其他亚洲国家和地区进行采购。

戴尔在全球的采购包括两类：一类是直接用于生产的生产资料采购；另一类是主要用于日常经营消耗的通用型采购。在管理生产资料供应商方面，戴尔需要完成三个任务：一是保证供应商供应的连续性，在戴尔需要原料的时候，供应商能够按照需求及时送到；二是保证供应商在生产成本方面具有优势，使戴尔能够降低原材料采购成本；三是保证供应商供应产品的品质。

为了保证完成以上任务，戴尔会从以下几个方面来慎重地选择供应商。

① 环保与员工福利。戴尔很注重自身的环保和员工福利，也希望与其合作的供应商能够有环保意识并很好地对待自己的员工。这是一个基本的前提。

② 成本优势。戴尔会将同类型的供应商进行比较，分析哪家供应商在成本上具有优势。

③ 技术产业化情况。供应商的生产技术水平、能否把新技术转化为规模化的量产等都是戴尔会考虑的因素。

④ 持续供应能力。戴尔会从供应商的财务情况、合作厂家、供货

情况、库存情况等方面来分析供应商是否具有良好的持续供货能力。

⑤ 服务。供应商能否满足戴尔服务方面的需求也十分重要。电脑等产品的使用时间较长，需要长时期的服务，因此服务客户的能力是戴尔选择供应商的重要条件。

⑥ 品质。这是最重要的因素。戴尔会对供应商的产品品质进行多方面的评测，以此保证产品的品质。

戴尔会综合以上因素对供应商的各方面进行分析，最终从中选择出最适合自己的供应商。此外，除了以上因素外，跨国公司在选择供应商时还可以考察供应商的地理位置、对市场变化的快速响应能力等，从更多维度进行分析，最终选择出最适合自己的供应商。

7.2.3 加强品控，平衡成本与质量

在选择供应商的过程中，产品质量与成本都是跨国公司选择供应商的重要指标，但在实际操作时，产品质量与成本之间存在矛盾：**若选择提供高质量产品的供应商，就需要付出更高的成本；若选择了报价较低的供应商，其提供的产品往往会存在质量风险。而一旦在产品生产或销售的过程中出现了质量问题，那么跨国公司就需要付出大量的精力、财力等进行补救，结果往往会得不偿失。**因此，跨国公司必须要加强品控，平衡好成本与质量的关系。

在这方面，一汽-大众就做出了良好范例。质量是一汽-大众最基础的工作，一汽-大众的2020战略中有一个重要内容就是"成长中的质量"，其中包含30多个模块，如技术更新、模具生命周期管理等。随着一汽-大众产能的增加，与之相适应的供应商队伍也在不断扩展，

这也对质量控制提出了新的要求。

供应商数量的增长对一汽-大众质量体系提出了挑战。为了应对这一挑战，一汽-大众加强了对供应商产品的品控，并与供应商达成合作，为供应商提供专业培训。一汽-大众曾与其供应商华翔集团共同实行了"供应商质量能力提升培训"计划，为华翔集团旗下企业提供质量能力专题培训，提升其为一汽-大众供货的A级供应商数量。同时，一汽-大众又与一汽富晟签订了质量促进计划，约定了未来的质量目标，目的是通过不断地改进，大幅度提升供货产品的质量。

一汽-大众会派出质量评审员、文件负责人等专业人员到供应商的工厂中去，通过现场检查发现问题，帮助其制定长久的改善措施，并且对过程进行跟踪，以便加强对供应商产品的品控，提高产品质量。

在供应商产品质量控制方面，一汽-大众交出了一份亮眼的答卷。在选择供应商时，跨国公司需要考虑到优质供应商带来的长期利益，选择产品质量更有保证的供应商，不可被一些低价的供应商诱惑。

此外，为平衡成本与质量的关系，跨国公司可以定期对所有供应商进行评判，按供应商的产品质量与成本两个因素将供应商划分为4个类型，并据此采取不同的应对措施。

① 产品质量好且成本高：这类供应商通常掌握一些核心技术或在市场中处于优势地位，在与其合作时，跨国公司可以通过谈判尽量降低成本。

② 产品质量好且成本合理：这类供应商是跨国公司需要重点维护的，在对其进行管理的过程中，跨国公司可以制定一些激励措施，与其建立长久的合作关系。

③ 产品质量不好但成本低：对于这类供应商，跨国公司需要对其

产品质量不好的原因进行分析，如果质量问题是由工艺流程不合理、选料不严谨等因素造成的，则可以协助其改善质量问题。

④ 产品质量不好且成本不合理：这类供应商是跨国公司需要拒绝的，如果某些处于合作的供应商在某一阶段的评判中被评判为这一类型，跨国公司也需要及时与其解除合作。

总之，跨国公司需要在保证供应商产品质量的前提下，选择更具价格优势的供应商。这里需要注意的是，如果某一此前表现良好的供应商出现了质量问题，跨国公司不应武断地断绝合作，而需要查明原因，并为供应商提供力所能及的帮助，以便建立长久的合作关系。

7.2.4 绩效考核，打造高水准的供应商队伍

要想始终保持产品的质量和企业的顺利运行，跨国公司就需要定期对供应商进行绩效考核，搭建高水准的供应商队伍。在这方面，诸多跨国公司都进行了尝试，并取得了较好的效果。

2021年5月，苹果公司公布了《2021年度供应商责任进展报告》，同时公布了2020年主要供应商名单。名单显示，与2019年相比，苹果公司2020年新增加了36家供应商，同时取消了与34家供应商的合作。

苹果公司会定期对供应商进行评估，并据此决定是否与其继续合作。其会根据《供应商行为准则》对接受评估的供应商的表现进行百分制评分，评分达90分的为表现优异的供应商，评分处于59分或以下的为表现欠佳的供应商，评分处于60分至89分的为表现中等的供应商。在对供应商进行评估并排名之后，苹果公司会据此决定取消与

哪些供应商的继续合作，并寻找新的、符合要求的供应商。

除了苹果公司之外，戴尔也十分重视对供应商的考核。戴尔的许多供应商都与戴尔有多年的合作关系，但这并不意味他们就可以高枕无忧。戴尔每个季度都会对供应商进行考核，内容包括成本、技术产业化、服务、持续供应能力、产品品质等多个方面。戴尔会根据考核结果确定给供应商的订单量，以及将新业务优先交给哪家供应商完成。如果某供应商的次品率较高，那么下一阶段戴尔就会把订单转给次品率较低的供应商。

在考核供应商时，戴尔坚持用数据说话，并会和供应商共享这些数据。通过对考核内容和考核结果的沟通，供应商能够知道戴尔是依据怎样的数据来考核的，同时能够明白自己应在哪些方面进行改善。

对于跨国公司而言，对供应商进行绩效考核不仅能够规范供应商的行为，还能够了解其不足之处，及时提出改进建议或进行指导。那么在具体操作上，跨国公司应如何对供应商进行绩效考核呢？对供应商的绩效考核需要遵循以下4个步骤，如图7-1所示。

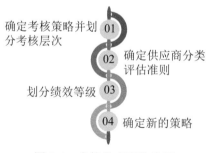

图7-1 考核供应商的步骤

（1）确定考核策略并划分考核层次

跨国公司需要明确考核的周期、考核标准及每次考核涉及的供应商。跨国公司可以按季度和年度对供应商进行考核，季度考核涉及的一般为核心供应商，考核内容以产品质量和交货期为主；年度考核涉及全部供应商，考核的内容除了产品质量和交货期外，还应包括成本、服务、环保等更多要素。

（2）确定供应商分类评估准则

确定考核策略和考核层次后，跨国公司就需要对供应商进行分类并确定评估准则。这一阶段的重点在于根据供应的产品类别对供应商进行分类，并据此建立不同的评估准则。

（3）划分绩效等级

根据以上标准对供应商进行考核后，跨国公司还要对供应商的评分划分等级，如按照分数将供应商分成 A、B、C、D 4 个等级，以此更清楚地衡量供应商的绩效表现。

（4）确定新的策略

将供应商的绩效表现划分等级后，接下来要做的就是据此确定新的合作策略。对于绩效表现优秀或者良好的供应商，跨国公司可适当加大订单量；对于绩效表现较差的供应商，跨国公司需要与其做好沟通，对其提出改进要求、提供适当的指导并监督其改进；对于绩效表现很差的供应商，跨国公司应及时结束与其的合作，并寻找新的、符合自身要求的供应商。

在遵循以上步骤的基础上，跨国公司可适当借鉴其他企业考核供应商的经验，细化每一个环节，设计出适合自身企业的供应商考核方案。

MANAGEMENT OF
MULTINATIONAL CORPORATIONS
IN CHINA

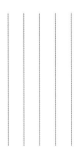

第 8 章
营销推广：制定本土化的营销策略

8.1 营销不对路，深陷无效营销陷阱
8.2 营销策略修炼：有定位，有目标
8.3 营销升级：开辟新赛道，提升品牌影响力当前在中国市场中，不仅有众多来自各个国家的跨国公司，还有很多极具竞争力的中国企业。对于跨国公司而言，要想在激烈的竞争中占据优势，就要做好本土化营销，加强中国消费者对品牌的认知，让产品融入消费者的生活中。

在这一过程中，经营理念与消费者需求不合、营销难以突破文化障碍、错位营销导致品牌形象受损等问题是跨国公司容易陷入的几个营销误区。为避免以上陷阱，跨国公司有必要进行营销策略修炼，根据自身定位，有针对性地进行品牌营销。

第 8 章 营销推广：制定本土化的营销策略

8.1 营销不对路，深陷无效营销陷阱

跨国公司在营销过程中可能会面临各种各样的问题：为什么我的产品质量很好、服务很棒，但消费者却不买账？为什么我的广告很时尚但消费者却难以接受？为什么以往屡战屡胜的营销策略如今却失灵了？这些问题都表明，企业营销不对路，即使付出再多的精力和成本，营销也收效甚微。

8.1.1 经营理念与消费者需求不合

一些跨国公司在欧美市场的征战、发展中大获成功，企业越来越壮大并将拓展的目光瞄向了中国市场。但其引以为傲的经营理念和营销策略并未被中国的消费者所认可，其中重要的原因就是企业的经营理念和消费者的消费需求并不相符。

全球著名电子产品零售集团百思买，在进入中国市场之后几年的时间里就因"水土不服"而惨淡离场，原因正是经营理念和消费者需求产生了冲突。

诞生于美国的百思买，在进入中国市场之前已经在许多海外市场取得了辉煌战绩。在加拿大市场，百思买收购了加拿大消费电子零售企业 Future Shop（未来商场），同时引入了百思买品牌。此后，百思买采取了双品牌战略，即在加拿大共同经营未来商场和百思买两个品牌。这样的营销策略使百思买快速打开了市场，获得了迅猛发展。

而在进入中国市场之后，百思买采取的同样是双品牌战略。两个品牌的定位不同，目标消费者也不同。百思买注重的是为消费者提供无压力的购物环境，如果消费者想随便逛逛，那么服务人员就不会打扰，百思买能够为消费者提供一种更加轻松的购物体验。而未来商场的特点则是会为消费者提供贴身个性化的服务，为其购物提供专业、个性化的指导。

无论是哪一种服务方式，百思买强调的都是为消费者提供更好的服务体验，这是其核心经营理念。但服务体验并不是中国大多数消费者的需求，更多的消费者关注的是低价、折扣和赠品。在这种情况下，百思买强调服务体验的营销方式会让消费者感到无所适从。

同时，彼时中国的国美、苏宁等家电零售企业正在不断成长，这也对百思买的发展造成了冲击。国美、苏宁经常会进行折扣促销，产品更加物美价廉，而百思买的产品往往会高出市场平均价格水平。对于更看重性价比的消费者来说，百思买并不是一个购物的好去处。

百思买以消费者为中心的体验式营销模式，虽然能够为消费者提供更好的购物体验，但中国大多数消费者并不愿意为服务体验买单，他们更倾向于选择也许服务没有那么好，但价格实惠、性价比高的产品。

经营理念与消费者需求的冲突使得百思买难以获得消费者的认同，品牌自然也难以在中国发展，在经历了几年痛苦的挣扎后，百思买最终关闭了在中国的门店和零售总部,退出了中国市场。

价格是中国消费市场中的核心竞争因素,也是消费者关注的重点,但百思买并未入乡随俗,调整经营理念和营销策略。正是因为没有在营销方面进行本土化的改善,百思买才无法在中国发展。

8.1.2 营销难以突破文化障碍

在国际市场营销中,不同国家有着不同的文化背景,这使得跨国公司在中国的营销活动面临诸多跨文化障碍。

(1)语言不同导致跨文化障碍

一些跨国公司在进入中国市场之后,在品牌命名上进行了本土化的尝试,其中就会遭遇翻译障碍,这十分影响品牌在中国的营销。

可口可乐公司在刚开始进入中国市场时,将"Coca Cola"译为"蝌蝌啃蜡",这个僵硬的译名生涩难懂,没有体现出可口可乐饮料的特征和属性,更不利于品牌传播。陌生的产品和古怪的名字激不起人们的购买欲,可口可乐一度销量惨淡。

可口可乐很快意识到了这个问题,通过登报悬赏的方式征求译名,最终将中文名改为"可口可乐"。这个名字保持了英文的音译,表现了饮料可口的特点,同时更易于传播。在接下来的日子里,可口可乐风靡全国,而这一经典译名也沿用至今。

(2)风俗习惯不同导致跨文化障碍

作为一个历史悠久的国家,中国拥有各种各样的风俗习惯,涉衣食住行的方方面面。这是跨国公司在营销活动中不易察觉但却深刻影响效果的重要因素。

例如，某美国服装潮牌曾在中国市场发售了一款墨绿色的棒球帽，上市后基本无人问津，这并不是因为该品牌的产品有问题，而是该品牌忽视了中国的风俗习惯。

（3）对中国传统文化存在误解

许多跨国公司常常通过与中国传统文化相结合的方式进行营销，但因为对中国传统文化存在误解，因而使品牌陷入营销困境。

某意大利奢侈品品牌曾在某年春节期间发布了融合中国传统文化元素的贺岁视频，以"新年快乐""万事如意"等词语来表达对中国消费者的祝福。但这一营销活动却并没有让人们感觉到祝福。人们对其的评价大部分是"可怕""诡异"，甚至将其称为"恐怖电影预告片"。

原因就在于该品牌在短视频中使用了错误的元素、传递了错误的信息：经典的旧上海环境、复古的八仙桌和模特们的复古服装等虽然属于中国元素，但这些元素已经过时了，难以和年轻的消费者产生更多的联系。这些过时的元素，加上红到血腥的背景，使得这个商业广告像一部20世纪90年代的恐怖电影。

这也表明了，对中国传统文化了解不足的营销策略只会适得其反，引发的负面评论会远远高于正面评论。

总之，以上这些跨文化障碍增加了跨国公司营销的困难，不仅会导致营销失败，甚至会引发文化冲突，让企业处于舆论的风口浪尖之上，影响企业的口碑。

8.1.3 错位营销导致品牌形象受损

在进行本土化营销的过程中，一些跨国公司没有将目标瞄向中国的传统文化，而是关注市场中的营销趋势，并进行了模仿。但**新的营销视角不一定会产生好的营销效果，如果营销策略不符合品牌定位，很可能会使品牌形象受损。**

法国某奢侈品品牌曾在中国推出了一款商业广告，推广其新推出的手袋。广告片中的演员身着灰色针织衫和黑色包臀裙，接到服务员递过来的包包后，便对着镜子摆起了造型，最后徐徐走上楼梯。

也许只看广告片本身并没有什么问题，但是身为奢侈品品牌的该品牌在中国走的是高端路线，但这只广告片却拍出了"山寨"的感觉，与其以往营销中着重体现的高级感大相径庭，显然不符合其奢侈品品牌的调性。

广告片上线后，自然引起了众多网友的"吐槽"："请问广告部经理是换人了吗""这看起来比假冒的仿品还便宜"。在全网吐槽之下，该品牌的品牌形象受到了不小的打击。

诚然，在中国营销市场中，存在一些刻意设计的"土味广告"，并确实能够为消费者带来刺激和反差感，但使用这种营销方式的前提是品牌形象必须能够与这种"土味广告"融合在一起，不让人感觉到突兀。

而该奢侈品品牌走的是高端路线，并不适合突然改变风格进行"土味"营销。总之，**无论跨国公司用怎样的营销方式，都要保证与品牌调性高度契合，不能盲目跟风。**如果只是为了吸引眼球而进行各种不符合品牌调性的营销尝试，就会让消费者产生不舒服的审美体验，品牌营销自然事倍功半。

8.2 营销策略修炼：有定位，有目标

为避免陷入营销陷阱，跨国公司需要明确自身营销定位，根据营销定位制定符合品牌调性的营销策略，同时可以在正确理解中国传统文化的基础上融入传统元素进行营销。此外，与其他领域的品牌进行跨界营销、打通营销渠道进行多渠道营销等也是跨国公司需要修炼的重要营销策略。

8.2.1 锚定营销定位，把握本土化营销方向

不同的品牌有不同的定位和品牌形象，跨国公司在进行本土化营销之前，一定要明确自身定位和品牌形象，制定出与其相符的营销策略。

百事可乐诞生时，可口可乐已经经历了 12 年的发展并建立了自己的领导地位，为了打造差异性，百事可乐聚焦于年轻消费群体，将自己打造成更受年轻人喜欢的品牌。在进入中国之后，百事可乐也坚持这一定位，始终瞄准年轻消费群体进行本土化营销。

2020 年 5 月，百事可乐推出"太汽"系列桂花味可乐，实力演绎"中国风是一种味道"，如图 8-1 所示。

第8章 营销推广：制定本土化的营销策略

图 8-1 "太汽"系列桂花味可乐

在"国潮"崛起的大趋势下，不少品牌为了吸引年轻人，会在产品包装上进行中国风的设计，而百事可乐对于中国风的打造不只是在包装设计上，更在可乐这一产品中。在包装设计上，百事可乐以金桂花纹饰点缀蓝色罐身，形成别样的国风设计。而在产品上，百事可乐将桂花与可乐相融，推出了全新的口味，让消费者能够品尝到"中国风"的味道。

此外，在推出新品时，百事可乐还官宣了新品的代言人，正是深受年轻人喜欢的两位新生代偶像。这两位本土代言人不仅有强大的品牌影响力和良好的口碑，同时也十分年轻，符合百事可乐追求年轻的调性。为了撬动代言人背后的粉丝群体，百事可乐顺势推出了代言人定制款礼盒，并附赠代言人限量版明信片作为福利。这些营销手段极大地挖掘了年轻消费群体的消费需求，礼盒瞬间卖空，转化效果不言而喻。

为了能让"太汽"系列桂花味可乐在更多层面触达年轻消费群体，百事可乐同时在聚集着大量年轻用户的抖音、微博等平台上开展了营销活动。在抖音，百事可乐上线气质桂花妆滤镜，发起了国风仿妆挑战赛，并为此准备了丰厚的奖品，以此吸引年轻消费者的注意力，并最终实现营销转化。在微博，百事可乐联动多位娱乐"大V"，一起为"太汽"系列桂花味可乐宣传，进一步扩大产品的影响力，触及更多的潜在消费者。

百事可乐此次的营销活动无疑是成功的，"太汽"系列桂花味可乐上线后在短短时间内便打开了市场，获得了不俗的销量。

细细分析百事可乐的此次营销，推出"太汽"系列桂花味可乐迎合了年轻消费群体对"国潮"的追捧；选择本土新生代偶像作为代言人迎合了年轻消费群体的喜好；借助抖音、微博等平台开展营销活动也是为了吸引更多的年轻消费者。总之，百事可乐的营销活动都是以年轻消费群体为目标进行的，紧紧把握住了自己的营销定位。

这是百事可乐营销成功的重要原因，也是其他跨国公司需要把握的营销要点。**只有锚定营销定位、把握住本土化营销的方向，企业的营销活动才能够发挥更大的势能，产生更好的营销效果。**

8.2.2　传统元素释放品牌特色，让品牌越来越有"中国味"

在营销活动中融入中国的传统元素是跨国公司本土化营销的重要表现，在这方面，**跨国公司需要正确理解中国的传统文化，并将其自然地融入营销活动中。**春节、中秋节等传统节日在中国消费者心中具有重要地位，不少跨国公司都借节日之机开展营销活动，并取得了不错的效果。

某年春节期间，苹果成功地凭借以iPhone X为基础设备拍摄的广告《三分钟》成了营销市场上的大赢家。该广告以春运为背景，讲述了一位火车乘务员母亲，与孩子在站台上相见的三分钟。整个广告除

第 8 章 营销推广：制定本土化的营销策略

了在开头注明本片由 iPhone X 拍摄以及在结尾处展示出苹果 Logo（标志）之外，剩下的时间都在讲述故事，获得了无数中国人的好评。

该广告发布后，瞬间就成了社交媒体上的焦点，广告播放量破千万，中国新闻网、环球网等多家权威媒体纷纷转发，各大自媒体平台也对该广告表达了自己的观点。这样的传播量，自然不是投放一轮广告就能实现的。苹果《三分钟》的巨大成功，在于内容的热点化、场景的人性化以及传播的圈层模式。下面从内容和价值的成功性方面，分析《三分钟》是如何体现苹果的品牌价值的。

（1）内容的成功性

《三分钟》之所以在内容上获得了巨大的成功，是因为它与特殊时间段结合（春运），选取特殊的身份和特殊的关系（火车乘务员母亲和儿子），制造了一个特殊的场景（站台上的三分钟），然后将这些特殊的要素融合在一起，形成一个感人至深的故事，触动了人们内心深处的情感。

① 春节场景化。整个广告以 2018 年春节前期为背景，以片中乘务员母亲的特殊视角，展现了春运这一场景。时间属性明确，直指新春热点营销。

② 母爱场景化。母爱是最伟大的情感，在广告中更是被体现得淋漓尽致。在火车停靠站台不到三分钟的时间内，母子亲情通过孩子背诵乘法口诀给母亲听的方式诠释。春节是一个讲究团圆的节日，而片中母亲和孩子的团圆却只有三分钟，无疑会勾起人们对于亲情的企盼，使远在异地的为人子女、为人父母的人感同身受。

③ 冲突场景化。此广告的成功就在于三分钟的时间冲突。片中的

其他乘客都是赶着回家和家人团圆,而片中的母亲因为工作的关系只能与孩子团聚三分钟,观众的情绪在母子分别的那一刻被彻底放大,故事简单而有力地击中了观众的内心。

(2)价值的成功性

优秀的品牌广告,不仅要有优秀的内容,还要体现其品牌价值。

① 品牌的浸入化表达。消费者对品牌广告基本已经司空见惯了,大多数广告都是直接宣传产品的核心卖点和品牌优势。而苹果却反其道而行之,没有直接描述苹果品牌与产品价值,而是通过一个感人的故事告诉消费者,这么优质的短片是用 iPhone X 拍摄的,所以你也可以用 iPhone X 记录春节期间阖家团圆的美好场景。

② 表达的故事化。在社交媒体、移动互联网发展迅速的今天,人们更喜欢听故事和看故事,缺乏故事性表达的广告,在消费者心中只是品牌的动态产品说明书,很难被其触动。苹果则选择了春节这一特殊的日子,用一则包含强烈场景冲突的故事,唤醒人们内心深处的情感,更容易让人产生强烈感受。

③ 传播的圈层化。一般来说,品牌内容传播,主要是通过有效渠道将内容推广给足够多的人,从而在内容受众当中找到自己的目标用户,实现品牌营销。而移动互联网时代,圈层化的传播才是最有效的传播方式,而这也是苹果此次传播大获成功的直接原因。

《三分钟》的第一批受众或因为苹果品牌本身,或因为广告内容本身,自发通过社交媒体转发分享,使得其他受众受到了同样的感染,从而推动了广告的进一步扩散,使该广告实现了圈层化传播。

苹果以春节为契机,以饱含母爱的故事为传播点,引发了众多消费者的共鸣。此次广告的本土化营销过程,是一个根植于中国传统文化,建立亲近感、塑造认同感的过程。对苹果来说,新春营销不仅能够传递品牌对于消费者的新春祝福,还能够以中国的传统文化元素完善自身的本土化形象,加强与消费者的连接。

总之,对于跨国公司而言,中国的传统节日、中国红、中国结等传统元素都可以用于品牌营销中。**融入传统元素不仅能够打造品牌特色,还能让品牌越来越有"中国味",让更多的消费者认可品牌,进而愿意为品牌买单。**

8.2.3 营销方式多元化,打造全方位营销矩阵

在中国市场中,融入本土元素进行营销的跨国公司品牌有很多,但并不是所有的营销活动都能够取得理想的营销效果。对于跨国公司而言,**本土化营销并不仅仅是在营销过程中加入本土化元素这样简单,单一地开展一次本土化营销活动难以实现品牌的大范围传播,通过多样的营销方式打造全方位营销矩阵,才能够实现品牌更深远、更持久的传播。**

到 2021 年,百事可乐进入中国市场已达 40 年。在长久的本土化发展中,百事可乐不断拓展营销边界、不断进行营销创新,营销方式越来越多元。

(1)释放品牌音乐势能,打入本土年轻文化生态

百事可乐在中国大学校园中面向年轻消费群体打造了不设门槛的"百事校园最强音"音乐比赛活动。该活动每年在全国 1000 多所院校

内展开，广泛触达数百万大学生。歌唱比赛为大学生提供了展现自身才华的舞台，同时也传递了百事可乐鼓励年轻人勇敢追逐音乐梦想的理念。百事可乐还与腾讯合作，对比赛总决赛进行在线直播，以扩大音乐比赛的影响力。

此外，为了强化品牌在年轻消费群体中的渗透性，百事可乐持续借助触达面更宽的本土音乐综艺节目，如《热血街舞团》《潮音战纪》等吸引更多的消费者的关注。

（2）拓展产品社交属性，占领年轻消费者的心智

在当前这个信息碎片化的时代，品牌如何吸引消费者的目光？推出新口味、新包装的产品是常见又容易奏效的做法。百事可乐曾推出过一款蓝色百事可乐，一经上市就在社交媒体上快速发酵，很多消费者都想知道这个蓝色的液体究竟会是什么奇特的味道。此外，百事可乐还推出了雪盐焦糖味可乐，用"可盐可甜"的奇特口感，配合豹纹瓶身设计，打造"咸甜出味 天生'豹'款"的潮流文化标签。推出这两款可乐背后的商业逻辑是一致的，即利用区别于常态的反差来引起消费者的好奇心。

市场中的新事物不断，要想在其中持续抢占消费者注意力，就要不断创造新的情感连接。在这方面，除了持续推出新品引发讨论外，百事可乐还推出"emoji表情"包装、AR扫一扫等营销方式，不断为年轻消费群体创造惊喜。

如果品牌把自己困在自身品类里，那么就难以和消费者建立更多的情感连接。百事可乐推出新口味、新包装，但它依然只是一瓶可乐，要想创造更丰富的品牌体验就要与各方伙伴进行多样化的合作。为此，

百事可乐联合上海迪士尼乐园,为消费者带去夏日奇妙游园会;同时与肯德基、上海时装周等伙伴合作,为消费者创造更多的社交场景,提供多样的场景体验。

(3)跨界升级品牌体验,提升本土创造力

为了在中国市场中占据竞争优势,百事可乐和很多具有代表性的中国本土品牌联名合作,使其本土化的品牌形象变得更为丰富、立体。

百事可乐曾与回力跨界合作,推出了联名款帆布鞋,再现经典小白鞋,同时蓝白搭配更显清凉,如图8-2所示。

图 8-2 百事可乐与回力联名款帆布鞋

红双喜是中国十分具有影响力的运动品牌,为了将"热爱全开"的品牌主张渗透到年轻消费群体的更多生活场景中,展现潮流态度,百事可乐与红双喜推出联名款乒乓运动系列,球板与手柄都采用了百事经典的蓝色。

在与中国知名本土品牌进行跨界合作的过程中,百事可乐凭借自身对年轻文化的理解,为产品重新设计包装,并进行线上线下多方面传播,让品牌深入年轻消费者生活的更多方面。

在多方跨界合作的基础上，百事可乐还打造了"百事'盖'念店"的营销活动，将揭盖有奖这种传统玩法与联名限量单品相结合，为营销活动融入更多的潮流元素，聚集起了越来越多的忠实粉丝。

百事可乐多样化的营销方式打造了其全方位的营销矩阵，使营销活动的影响范围更加广泛。同时，百事可乐的合作对象并不是随意选取的，而是在了解自身诉求的基础上，选择适合自己的 IP 进行合作，从而产生"1+1＞2"的效果。无论是在音乐领域的发力、对社交属性的拓展，还是进行的多方跨界合作，都加深了其与年轻消费者的连接，使其更贴近市场，这是百事可乐在激烈的营销市场中占据竞争优势的重要法门。

8.3 营销升级：开辟新赛道，提升品牌影响力

品牌营销不可一蹴而就，对于跨国公司而言，要想在中国消费者心中建立起深刻、全面的认知，形成更高的影响力，就需要持续地进行产品和品牌营销。在这方面，跨国公司可以从产品出发，以新产品激活新的营销场景，也可以从品牌营销的角度出发，通过兼并本土知名品牌实现品牌在中国的扩张。

8.3.1 新产品+新场景，本土化营销不断升级

当前，市场中的竞争环境对于跨国公司而言并不友好，一方面，

第 8 章　营销推广：制定本土化的营销策略

中国本土的企业逐渐崛起，市场竞争加剧，流量的获取越来越困难；另一方面，消费者的消费需求不断升级，对产品和购物体验提出了更高的要求。 在这种情况下，跨国公司要想获得关注、吸引流量，就必须推出更具新意、更符合消费者需求的营销活动。

在本土化营销方面，肯德基无疑做得十分成功，通过许多经典的本土化营销活动建立起了自己的营销优势。

2021年初，肯德基融入武汉的"过早"地域文化卖起了热干面，虽然仅在武汉本地的店铺销售，却点燃了许多消费者的热情，如图8-3所示。

图 8-3　肯德基推出武汉热干面

热干面是武汉的特色美食，是武汉城市的味道。肯德基之所以选择热干面作为本土化营销的切入点，就是因为热干面有着浓厚的地域特色和广大的受众基础。

抖音发布的《2020抖音数据报告》显示，2020年武汉在抖音上获赞超过83亿次，成为全平台获赞最多的城市，如图8-4所示。而热干面这一蕴含着武汉地域文化的词获得了185万次的评论，这些内容的获赞也较多。

图8-4 武汉成为2020年抖音获赞最多的城市

极高的人气和辨识度是肯德基选择热干面作为本土化营销产品的重要原因。也正是如此，肯德基此次的本土化营销也迅速为其聚拢了人气，进一步拉近了和消费者的距离。

这并不是肯德基在地域美食方面的第一次尝试，在推出热干面之前，肯德基就曾推出过柳州的地域美食螺蛳粉。与热干面不同，肯德基推出的螺蛳粉是快煮预包装食品，同系列的还有鸡汤、炒饭。从这一系列产品可以看出，肯德基正在积极利用新品进行品牌拓展。

2020年，速食市场火热发展，各种速食米饭、自煮火锅等纷纷涌现，餐饮呈现出零售化趋势，与此同时，"懒人经济""宅经济"也成为当下热潮。为了跟上这种趋势，肯德基聚焦螺蛳粉、炒饭等本土化美食，入局速食赛道，拓宽了业务边界，在创造营销热点的同时实现了多元化发展。

第 8 章 营销推广：制定本土化的营销策略

除了不断推出深受消费者欢迎的本土化产品外，肯德基也长期专注于消费场景的打造，为消费者提供更好的消费体验。

在成都，肯德基曾与杜甫草堂博物馆联动，推出了杜甫草堂主题店，颇具颜值与内涵。在主题店的大门上，勾勒着成片的祥云图案，落地玻璃上贴着带有草堂元素的特色标识，整体看上去既有古色古香的传统韵味，又有活泼时尚的现代感。

除了颜值方面的设计外，肯德基还将这一主题店打造成了一个传统文化展示场所，店中的桌面和墙壁上展示了各种杜甫经典的书画作品，点餐台旁边还设有 3D 投影，生动地展示着杜甫草堂一年四季的景色。同时还伴有杜甫描写春夏秋冬的诗句，如春天的"春夜喜雨"，夏日的"仲夏苦夜短"，秋天的"秋高风怒号"，冬天的"季冬树木苍"等。

店铺开业后，受到了很多人的喜爱，相比于传统的肯德基店铺，这种让人沉浸在传统文化中的用餐场景更能提升人们的用餐体验。

通过打造不同风格的主题店营销场景，为消费者提供不同的消费体验是肯德基一贯的营销玩法。除了充满诗情画意的杜甫草堂主题店外，肯德基楚文化主题店以虎座鸟架鼓、编钟等楚文化装饰元素装饰店面，为消费者营造身临其境的氛围。

这些主题店以不同的主题创造了不同的营销场景，将各种文化元素融入营销场景中，不断地给予消费者更多的消费体验。这些巧妙的营销场景为品牌的营销和传播提供了更广阔的空间，同时更容易被消费者所感知，让品牌更具辨识度。

无论是推出具有地域特色的美食还是推出多样的融入本土文化、本土风情的主题店，都表明了肯德基在本土化营销方面的持续深化。**对于跨国公司而言，只有在本土化营销方面持续发力，才能够不断完**

善品牌本土化形象，形成极具辨识度的品牌符号。树立鲜明的本土化品牌形象，将品牌形象深深地印在消费者的心智中，才能够在这个注意力稀缺的时代取得更好的品牌营销效果。

8.3.2 兼并本土知名品牌，实现品牌扩张

许多跨国公司在中国发展得较为稳定之后，就会通过品牌扩张或品类扩张的方式加快发展的脚步，兼并本土知名品牌就是其中最重要的手段。在这方面跨国公司需要注意的一点是，**在兼并本土品牌的过程中，跨国公司最好采用多品牌战略，以实现更好的营销效果。**

在胶片相机时代，柯达无疑是全球最知名的品牌，其每年的销量和利润额都十分庞大，但随着数码照相的兴起，其最终走向了破产重组。其中重要的原因就在于，在推出更先进的数码相机时，柯达依旧沿用了旧的品牌名，但在消费者心中，柯达已经成为胶卷相机的代名词。这使得柯达在数码相机市场的影响力并不高，最终在激烈的市场竞争中败下阵来。

同样的，跨国公司在进行本土品牌兼并时也存在这样的问题，如果品牌此前只经营一种品类的产品，在兼并其他品类的本土品牌后就将其改名，那么基于消费者对该品牌的固有认知，很可能会产生该品牌在主要品类中十分专业而在其他品类中不专业的印象。为了避免这一问题，跨国公司需坚持多品牌战略，进行多品牌营销。

提起雀巢，很多人都知道其是一个知名的咖啡品牌，但其业务范围却早已突破了咖啡领域。在进入中国之后，雀巢收购了太太乐、徐福记、银鹭等本土知名品牌，覆盖品类涉及调味品、冰激凌、饮料、

糖果等多个品类。

在进行这些本土品牌收购的过程中，雀巢并未将其品牌名改为雀巢，而是沿用了旧的品牌名，持续发挥旧品牌名在中国市场中的影响力，以获得更好的营销效果。例如，许多人都知道太太乐是一个知名的调味品品牌，也习惯了购买太太乐的产品，如果在收购太太乐之后，雀巢就将太太乐改名为雀巢，那么太太乐此前在消费者心中建立的认知就没有了用武之地，营销效果自然也会下降。

除了雀巢之外，快消品品牌联合利华也十分擅长通过本土品牌兼并实现多品牌营销。在进入中国之后，联合利华将旗下的力士、夏士莲、奥妙等诸多品牌引入中国，同时又收购了很多本土品牌，以进行本土化营销变革，其中被收购的两个最著名的品牌就是中国本土的牙膏品牌中华和食品品牌京华茶叶。

许多品牌都通过本土品牌的兼并实现了营销的本土化变革和品牌的扩张发展，这给跨国公司在中国的发展提供了思路：**为激发品牌势能，提升品牌影响力，跨国公司可以通过兼并本土品牌的方式开辟新赛道，实行多品牌营销战略，最终提升品牌影响力。**

MANAGEMENT OF
MULTINATIONAL CORPORATIONS
IN CHINA

第9章
企业文化建设：突出文化包容性

9.1 跨国公司企业文化建设障碍
9.2 加强交流，促进文化融合
9.3 企业文化有建设，更要有执行

跨国公司是多种文化的交汇地，来自不同国家、不同地区的员工有着各自的文化背景和价值认同。跨国公司在这种环境中进行文化建设自然也会困难重重。跨国公司需要认识到在中国进行企业文化建设的复杂性，在体现自身企业文化特点的同时也要对企业文化进行微调，使之更适合中国的文化背景，最终形成具有本土文化特色、具有包容性的企业文化。

第 9 章 企业文化建设：突出文化包容性

9.1 跨国公司企业文化建设障碍

跨国公司在中国面临着与自己国家不同的文化背景、管理风格、价值观念等，这些都会导致企业管理的混乱与冲突，成为企业文化建设中的难点。

9.1.1 外部因素：企业文化与中国文化存在冲突

从跨国公司外部因素来看，跨国公司企业文化与中国文化的冲突是跨国公司难以建设具有本土特色的企业文化的重要原因，甚至会为跨国公司在中国的发展画上句号。

谷歌为什么会从中国市场离开？除了合规等其他问题外，文化融合也是重要原因。与之相对，微软在企业文化与中国文化的融合方面就做出了良好范例。在进入中国市场之后，微软尊重中国的文化、遵守中国的规范要求，也因此获得了中国市场的认可。

总体来看，跨国公司与中国文化的冲突主要表现在价值观念和管理模式两个方面。

在价值观念方面，跨国公司在中国经营时面对的是有别于其母国文化的一种文化。中国文化中的价值观念、行为准则以及本地员工的思维方式等都会对跨国公司的管理方式产生影响。跨国公司需要在中国招聘大量的本地员工，本地员工与外籍员工的文化差异越大，双方在工作过程中产生冲突的可能性就越大。如果跨国公司解决不好这种冲突，则很可能会导致在中国经营的失败。

在管理模式方面，欧美企业往往把员工的工作能力与其薪酬挂钩，强调理性主义和个人主义。中国文化重视整体的进步与发展，强调集体主义。在企业管理中，外籍管理者往往会更重视个人的发展，而本地管理者会更重视不同部门间的和谐共处和整个部门甚至整个企业的发展。在这种文化背景下，双方不同的管理决策很可能会引发彼此之间的冲突。

针对以上问题，跨国公司有必要了解不同文化之间的差异，建立能够体现不同文化共识、得到全体成员认可的企业文化。

9.1.2 内部因素：多样性的文化存在冲突

从内部因素来看，伴随着跨国公司在中国的发展，本土员工会越来越多，同时企业中也会存在来自不同国家的外籍员工。由于员工在语言、文化、思维方式、价值观念等诸多方面的差异，企业中往往会存在文化冲突，同时在对不同的员工进行统一管理时，也会引发诸多管理问题。

例如，一般来说，一些来自经济比较落后的国家的员工更加看重薪酬水平，而来自发达国家的员工则关注工作性价比、环境舒适度、

第 9 章　企业文化建设：突出文化包容性

被尊重以及成就感。再如，外籍员工除了享受和中国本地员工一样的法定节假日外，还要享受自己国家的节日，如圣诞节、复活节等。这些都对跨国公司的文化建设和管理造成了困难。

如何解决这种文化冲突和文化差异问题？**一方面，跨国公司需要注重企业文化的包容性，在沿袭母公司企业文化的基础上融入本土文化元素**。例如跨国公司在依照中国法律为员工放假的同时，也可以借中国传统节日之机开展各种文化活动，促进员工间的文化交流。此外，跨国公司也应关注中国政策导向，根据政策引导完善企业文化，并做出相应的管理变革。

微软中国的企业文化就体现出了很好的包容性。当中国全面落实二孩政策之时，为了从企业角度支持该举措，微软中国在企业内部推出了家庭假期政策，增加了产假、陪产假、领养假、家庭看护假四类假期，其中产假为 20 周、陪产假为 6 周、领养假为 6 周、家庭看护假为 4 周。该福利可以更好地帮助员工根据自身情况灵活调整工作安排，有更多的时间照顾家庭，解决工作的后顾之忧。

微软大中华区人力资源总经理夏可涵曾表示："人才是微软最为宝贵的资产，我们致力于打造创新工作环境和世界领先的员工福利，让员工能够兼顾工作与家庭。微软也一直不遗余力地营造多元、包容的企业文化，并为打造最佳工作场所而不懈努力。"

另一方面，在打造具有包容性的企业文化时，跨国公司也需要在此基础上保证福利的公平性。例如，很多跨国公司除了在中国的法定节假日放假外，还会在圣诞节、复活节等本国重要节日放假，虽说在这些西方节日放假是为了尊重外籍员工的文化传统，但如果在放假时将外籍员工和本地员工区别对待，则容易引发双方员工间的矛盾和冲突，也不利于本地员工理解或接受跨国公司传统的企业文化。因此，在假期福利方面，跨国公司需要尽可能地做到公平。

同时，一些外籍员工远离家乡，为体现对外籍员工的关怀，跨国公司可以针对外籍员工额外设置探亲假，并为其提供交通补助。

不同国家的文化差异、风俗习惯等都需要得到尊重，这也增加了企业管理的复杂性。为此，跨国公司需要明确自身的福利制度及详细的福利条款，在保证公平的基础上体现出企业对全体员工的关怀。

总之，为更好地进行企业文化建设，跨国公司需要认识到企业内部文化的多样性、差异性问题，尊重不同文化的差异性，并将其融入整体的企业文化。

9.2 加强交流，促进文化融合

面对不同文化的差异性，跨国公司需要分析不同文化的优势，取长补短，进行文化整合，形成具有融合性的企业文化。同时，为降低文化融合的难度，跨国公司需要统一员工的文化共识，并以此引导员工行为。

9.2.1 认同文化差异，进行文化整合

不同国家之间的文化差异是客观存在的，跨国公司需要了解企业中存在的不同文化和其对企业发展的影响等。在此基础上，**以母公司**

第 9 章　企业文化建设：突出文化包容性

的企业文化为基础，吸收本地文化的精髓，实现双方的文化融合。

跨国公司的文化整合过程可以分为探索期、碰撞期、整合期、创新期 4 个阶段。

在探索期阶段，跨国公司需要全面考察企业的文化背景状况、文化差异问题、可能存在的文化冲突等，并根据考察结果形成初步的文化整合方案。

在碰撞期阶段，文化整合已经初步执行，不同的文化在这个时期会产生碰撞，引发员工之间的冲突。在这一阶段，跨国公司需要制定一系列管理制度解决文化冲突，其中最关键的就是进行文化整合培训，加强企业员工对不同文化的理解。

通常来讲，文化整合培训的主要内容包括以下几个方面。

① 企业使命、愿景、价值观的培训；

② 企业发展历史的培训；

③ 不同语言、不同文化习俗的培训；

④ 文化的敏感性、适应性培训；

⑤ 跨文化沟通及冲突处理能力的培训。

文化整合期阶段是不同文化逐步融合、协调的阶段，是一个长期的过程。这个阶段的目标是形成文化整合中的一系列行之有效的文化管理制度和系统。为此，跨国公司需要做好以下两个方面。

第一，在企业内部建立起共同的价值观。价值观作为企业文化的重要组成部分，是人们一切工作行为的准则，也是人们判别是非好坏的标准。第二，以整合后的企业文化为指导，建立或完善企业的管理制度。

创新期是指在对不同文化进行整合的基础上，创新出新文化的时期。在这个时期,跨国公司需要全面分析不同文化,找出它们的优缺点,摒除不同文化中与当前管理不合适的文化因素,在此基础上建立富有创新性和本地特色的企业文化。

通过以上几个阶段的文化整合,跨国公司可以打造出包容不同文化差异、更适应企业发展的企业文化。

9.2.2 统一文化共识,引导员工行为

很多发展成熟的企业都有自己的使命、愿景或价值观,这也是企业的核心文化。在进行企业文化建设的过程中,跨国公司需要以这些核心文化为出发点,统一员工共识,引导员工行为。

使命指的是企业为之努力的崇高理想和长远目标。一般来说,使命不可能彻底达成,但可以无限接近。愿景可以理解成企业中长期明确的、可实现的目标。价值观是一种企业对价值的判断准则,是企业树立的道德观念或工作准则。例如,宝洁公司的使命是"我们生产和提供世界一流的产品,以美化消费者的生活",愿景是"长期环境可持续性"。

作为一家业务范围遍布众多行业、众多国家和地区的知名企业,3M 公司在中国也获得了很好的发展。那么在中西方不同的文化背景下,3M 公司是如何更好地发展的?

尊重、信任和互动是 3M 公司历史发展过程中始终不变的核心价值观。这一价值观培养了 3M 公司的企业文化,也指导着公司的决策。同时,无论是在公司总部还是在中国的分公司,3M 公司都坚持着一样的价值观。其主要表现在以下 3 个方面。

第9章 企业文化建设：突出文化包容性

① 尊重员工的价值：尊重每一位员工为企业作出的贡献，让他们感到自己的价值。

② 鼓励员工的主动性：提供自由的工作环境，鼓励员工尝试新事物和保持好奇心。

③ 为员工提供成长和探索的机会：为员工提供轮岗的机会，使员工体验不同的岗位，了解不同的岗位职责，从而促进员工的职业发展；为员工提供协作和沟通的机会，让员工在彼此交流中获得进步；为员工提供正式的培训，如研讨会和课堂培训等。

在统一的价值观下，3M公司推崇统一的管理文化，在面对不同地区员工间的文化差异时，也会以统一的价值观引导员工的行为。

在进入中国之后，3M公司中的本地员工越来越多，其工作风格也有着自己的特点。本地员工往往会无条件地执行领导的要求，会始终达到或超过领导的预期，但很少对工作提出质疑或提出有创意的想法。这种工作风格存在一定的局限性，有时候员工可能会比领导有更好的想法，因此提出自己的想法、对工作进展提出质疑是十分必要的。

为了使本地员工能够勇于表达自己的真实想法，在统一的公司价值观下，3M公司进行了诸多具有本地特色的尝试，以拉近公司和本地员工的距离。例如，3M公司把微信作为员工沟通的主要渠道之一，更符合本地员工的沟通习惯。同时，在中国传统节日期间，3M公司的本地及外籍管理人员都会穿着中国的传统服装向员工致以问候。此外，公司提供的零食中包含很多中国的地方特色小吃，以本地饮食文化加强中西方员工之间的了解。

这一系列行为体现了3M公司尊重、信任和互动的价值观，让本地员工对公司价值观有了更深的了解，有利于他们在之后的工作中践行同样的价值观。同时 3M 公司使用本土沟通工具、庆祝中国传统节日等行为也体现了 3M 公司具有本土特色的企业文化。

3M 公司的这些实践也说明了文化差异并非只会带来管理的困境，合理地将本土文化融入企业文化中，也会形成企业文化的特色。

9.3 企业文化有建设，更要有执行

在打造好具有本土特色的企业文化之后，跨国公司更需要将企业文化落实到企业管理中。其中，企业的制度体系是企业文化的制度保障，是企业文化的骨架，而物质文化是企业传播企业文化的外在表现，形成了企业文化形象。跨国公司有必要通过企业的制度体系和物质文化体现出企业具有本土特色的企业文化，这不仅可以深化企业员工对于企业文化的认知，也能完善企业的本土化形象。

9.3.1 以制度实践企业文化

为持续落实企业文化，跨国公司需要将企业文化与企业制度结合起来，以企业文化规范员工的行为。

一方面，制度体系是企业工作制度的总和，企业制度必须和企业文化保持高度的一致。如果只依靠文化的软性约束管理员工，那么企业将空有情怀，缺乏纪律。制度的刚性约束可以增强企业的规范性，保证企业各个环节高效运行。在制度体系中融入企业文化，制度就会

第9章 企业文化建设：突出文化包容性

成为企业文化的载体，让员工在日常工作中践行企业文化。

另一方面，跨国公司需要制定相应的文化管理制度，加强企业文化宣传。 例如跨国公司可以在企业内部设置企业文化宣传墙或在内部网上设置企业文化宣传栏，在其中展示企业的文化活动、企业文化培训计划、标杆人物展示等，让员工通过各种渠道了解企业文化、加深对企业文化的认知。

除了企业制度外，企业风俗也能够体现出企业文化。企业风俗是企业约定俗成的典礼、仪式、节日等特色活动，如体育比赛、店庆等，是企业文化内涵的体现。企业风俗按照表现形式不同可分为风俗习惯和风俗活动。风俗习惯是指企业约定俗成的做法，如在春节期间挂灯笼、贴对联等；风俗活动指的是带有风俗色彩的群众性活动，如春游、运动会等。

肯德基在践行具有本地特色的企业文化方面就做得十分出色。一方面，肯德基将具有本土特色的企业文化以福利制度的方式固定了下来。新婚随礼是中国传统文化的体现，而欧美国家的人们在庆祝亲友结婚时往往会选择送礼品而不是现金。肯德基入乡随俗，会为结婚的员工发放现金贺礼。

另一方面，肯德基也体现了具有本地特色的企业风俗，例如在春节期间，肯德基不仅会以灯笼、舞狮等中国传统文化元素装饰店铺，还会组织除夕夜会餐、初一团拜等活动。此外在中秋节、端午节等中国传统节日期间，也会向员工发放月饼、粽子等相关礼品。

肯德基的这些做法不仅拉近了员工与员工之间、员工与企业之间的距离，也促进了企业文化的传播，巩固了其本土化形象。跨国公司也可以学习肯德基的做法，以制度践行企业文化，最终在长久的落实和宣传中加深员工及消费者对于其本土化形象的认知。

9.3.2 以物质文化展现企业文化

企业的物质文化指的是企业创造的产品和各种设施构成的器物文化，是一种看得见、摸得着的企业表层文化，也是企业文化的具体体现。为巩固企业文化，跨国公司有必要将企业文化通过物质文化展示出来，以加强企业文化的传播。

具体而言，企业的物质文化主要包括企业的建筑风格、产品包装设计、礼品及纪念品等方面。而在物质文化表现企业文化方面，星巴克无疑是其中的翘楚。在进入中国之后几十年的发展中，星巴克始终践行着"在中国、为中国"的承诺，以对中国传统文化的致敬和融合，从人文视角出发打造具有本地特色的企业文化，并通过物质文化表现出来，主要表现在以下 3 个方面。

（1）建筑风格

星巴克并不拘泥于同一种建筑风格，而是会融合当地的传统文化，进行独具特色的设计。坐落于成都远洋太古里的星巴克门店就在建筑风格上体现出了成都特色。在设计细节方面，店铺砖墙的设计灵感源于成都传统青陶砖的拼法，暖色调木质的内部设计，也是从成都历史建筑大慈寺借鉴而来，如图 9-1 所示。

| 第 9 章　企业文化建设：突出文化包容性 |

图 9-1　成都远洋太古里星巴克门店

门店的二楼拥有开放性的吧台和舒适的座椅，天花板上的设计主体为咖啡树，铜金属材料的灵感正是四川火锅中的铜锅，如图 9-2 所示。

图 9-2　成都远洋太古里星巴克门店二楼

（2）产品包装设计

星巴克在产品包装设计方面也体现出了浓厚的本土特色。2020年初鼠年到来之际，星巴克推出了一系列鼠年生肖限定杯，如图9-3所示。

图9-3　星巴克鼠年生肖限定杯

星巴克的杯子往往都是通过杯型的不同结构进行主题设计的，或是在杯子上印上卡通鼠的图案，或是融入立体造型鼠的形象。同时，为了使这些形象更具趣味性，星巴克还会赋予它们不同的表情和动作，使其看起来俏皮可爱。此外，为了表现新春的欢乐气氛，星巴克还会在设计中融合新春相关的元素，如大红色的主题颜色、金色的烟花等。

（3）礼品及纪念品

星巴克会不定期地推出一些具有本地特色、彰显本土文化的礼品及纪念品。例如，星巴克曾在中国推出"中国城市系列星享卡"，该

| 第 9 章　企业文化建设：突出文化包容性 |

系列包含北京、上海、广州、深圳、成都 5 款城市卡和 1 款中国卡。该系列城市星享卡从浓浓的京味到时尚的上海夜景，体现了几个城市的传统建筑和现代人文之美。

在以上 3 个方面的物质文化中，星巴克展示了自己具有本土特色的企业文化，更能激发消费者的购物热情并提升认同度，以共同的文化认知培养更多的忠实粉丝。这也为其他跨国公司的文化建设做出了成功示范，以物质文化展示企业文化，更能促进本土化企业文化的宣传，快速在消费者心中建立文化认同。

MANAGEMENT OF
MULTINATIONAL CORPORATIONS
IN CHINA

第 10 章
调整视角，破解数字化焦虑

10.1　数字化转型的挑战
10.2　如何应对数字化转型

近年来，中国 5G、人工智能、大数据等技术的发展，为企业的发展带来了更强劲的推动力，越来越多的企业开始挖掘数据的价值，积极进行数字化转型。在这样的大趋势下，跨国公司也应积极进行数字化变革，进一步提升企业竞争力。

第 10 章 调整视角，破解数字化焦虑

10.1 数字化转型的挑战

对于跨国公司而言，进行数字化转型会面临诸多问题：数字化转型离不开大数据的支撑，而跨国公司服务器和数据归属问题是必须要解决的重要问题；一些跨国公司对数字化转型的理解只停留在技术方面，难以发挥数字化转型的成效；数字化转型需要大量数字化人才（也称数字人才）的支持，为此跨国公司需要破解数字化人才的困境，积极引进或培养更多的数字化人才。

10.1.1 主权归属：服务器及数据难题

要想进行数字化转型，跨国公司首先要收集和存储大量数据，再通过大数据分析工具从海量的数据中提取价值，为数字化转型提供数据基础。在这一过程中，跨国公司必须要重视并妥善解决服务器及数据归属难题。

**跨国公司作为数据的运营商，对收集来的用户数据只具有运营的权力，而不具有数据主权，因此跨国公司需要遵守中国对于个人数据

的相关规定。

《网络安全法》第五十条规定:"国家网信部门和有关部门依法履行网络信息安全监督管理职责,发现法律、行政法规禁止发布或者传输的信息的,应当要求网络运营者停止传输,采取消除等处置措施,保存有关记录;对来源于中华人民共和国境外的上述信息,应当通知有关机构采取技术措施和其他必要措施阻断传播。"

以上法条表明,外国服务器在中国也受网络安全法管辖。为应对网络威胁及风险,保障网络主权,《网络安全法》中明确网络安全管理机构可以要求网络运营者停止传输法律法规禁止传输的信息。

《网络安全法》第三十七条规定:"关键信息基础设施的运营者在中华人民共和国境内运营中收集和产生的个人信息和重要数据应当在境内存储。因业务需要,确需向境外提供的,应当按照国家网信部门会同国务院有关部门制定的办法进行安全评估;法律、行政法规另有规定的,依照其规定。"

以上法条表明,在中国产生的重要数据应在中国存储。在这种情况下,跨国公司就要思考数据存储本地化的问题,并制定出合适的解决方案。

为应对这一问题,苹果在贵州建立了 iCloud 数据中心,并与云上贵州大数据产业发展有限公司(以下简称"云上贵州")达成合作,将其在中国的 iCloud 服务交由云上贵州运营,实现了用户个人信息和重要数据的本地化存储。这既符合中国法律的规定，又改善了网络服务不稳定的问题，提升了用户体验。

此外，美国短租平台 Airbnb 也曾发布公告，表示会转移用户的个人数据，将其储存于中国本地，同时会设立独立的子公司，专门负责管理本地数据。

总之，要想借助海量数据进行数字化转型，跨国公司首先要遵守中国的法律规定，合法收集或管理数据。

10.1.2　认知偏差：认为数字化转型等于信息化建设

在信息化时代，一些跨国公司习惯用信息化解决方案去解决运营、生产中存在的问题。近几年，随着数字化转型成为各行各业的发展趋势，数字化解决方案也开始获得更多关注。从转变方式来看，信息化解决方案涉及需求开发、系统设计、测试上线等内容，同时这些内容也是数字化解决方案的重要内容。从技术角度来看，许多数字化解决方案中使用的技术，如 Java 开发语言、Tomcat 中间件等，也在信息化解决方案中有所应用。

因此，**一些跨国公司将信息化建设等同于数字化转型，但这却是一种片面认知。信息化建设和数字化转型有很大差别。**

信息化建设是指将原来的纸面信息搬到计算机上，从用人传递信息过渡到用计算机、网络传递信息，只能算计算机技术的应用。而数字化转型的目标是实现企业商业模式和业务流程的颠覆性改变，它的站位更高、内涵更深、外延更广。

从高度来看，数字化转型站在全局视野重新审视业务模式、业务流程和工具技术，重视整体性、系统性和协同性，用大数据思维驱动业务变革，将数字化作为业务创新发展的引擎与动力。而不是只强调用计算机实现业务电子化，不改变业务模式和业务流程。

从广度来看，数字化转型是全链条的连接与协同。信息化主要在线上，而数字化转型不仅在线上，还延伸到线下；信息化主要在企业内部，而数字化转型不仅在企业内部，还向产业链的上下游延伸。

从深度来看，信息化是通过粗放的信息来建模，而数字化转型则是以细化的信息来建模，如一个人的数据、一辆车的数据，甚至细化到人的脚、车的引擎等数据。另外，数字化转型还会追踪时间维度上的信息，不仅能知道现在在哪，还能知道从哪来，到哪去。

综上所述，**信息化建设的重点是借助各种技术，实现信息的数字化；而数字化转型的关键在于企业整体商业模式、运作模式的变革。**跨国公司必须对数字化转型建立起正确的认知，才能进行更具深度和广度的变革，发挥数字化转型的功效。在这方面，宝马集团无疑为各大跨国公司树立了良好榜样。

宝马集团大中华区总裁高乐曾表示："数字化不仅是技术的变革，归根到底是整个组织架构、管理体系和企业文化的改变。"在这一正确思想的指导下，宝马的数字化转型既迅速又高效。

2020年10月，宝马集团将自动驾驶、驾驶辅助、智能互联和数字化服务等业务进行整合，成立了数字化部门。这种大规模业务调整意味着宝马集团的数字化进程正在不断加速。

在宝马集团整体数字化战略创新中，在中国市场进行的数字化转型尝试将对整个集团的数字化转型起到引领作用。具体而言，宝马集团在中国主要进行了两个方面的数字化转型尝试。

第10章 调整视角,破解数字化焦虑

(1)把握消费趋势,建设本土化数字研发体系

互联网浪潮、中国的新能源汽车政策等引领着中国汽车市场的发展,在此趋势下更具智能科技的电动车大量涌现,引发了中国消费者的极大兴趣。和在传统市场的保守消费形势相比,消费者更愿意为科技和数字化创新买单。

敏锐捕捉到消费热点的宝马集团,迅速在中国市场进行数字化布局。2020年,宝马集团对全球50万辆配备BMW iDrive智能交互系统的汽车进行软件升级,中国市场中获得软件升级服务的汽车达到20多万辆,占比接近一半。软件升级后的汽车能够实现更多驾驶辅助功能,使汽车更加安全便捷,同时BMW互联音乐、百度CarLife等功能也会成为标准配置。

宝马集团在中国的数字化转型远不止如此,而是进行了本土化数字体系建设。近年来,宝马联合百度、腾讯、中国联通等科技企业,共同进行云计算、人工智能、大数据等技术架构的开发,不断将更先进的数字生态整合到宝马汽车中。

同时,宝马集团在中国建立了庞大的研发体系,拥有数百个软件研发团队和千余名研发人员。其中,为了充分把握中国消费者对数字化体验的需求,设计适合中国消费者的人机交互方式,还建立了专门的用户体验设计开发团队。

(2)从分享到共享,My BMW App打造极致数字化体验

为了满足中国用户的个性化需求,宝马集团推出了BMW云端互联的升级版产品My BMW App,为用户提供"社交+服务+销售"贯

穿线上线下的数据平台。

My BMW App 强化了社交功能，用户不仅可以通过其了解汽车资讯，享受线上服务，还能和其他用户分享用车体验，更便捷地选择优质的售后和销售服务。同时，宝马集团还针对中国市场进行了 My BMW App 的本土化开发，增加了智慧停车、充电服务、社区互动这 3 个专属功能。

My BMW App 的出现也为汽车共享经济提供了新的思路，例如当两个宝马用户通过 My BMW App 相识后，可以结伴去 4S 店进行车辆维修保养，同时异地共享用车、本地共享车位也可能会实现。

从宝马集团的数字化转型中就可以看出，宝马集团的数字化转型并不是信息化建设，而是以中国消费者的需求和体验为出发点，进行了多种新技术的融合应用和技术研发创新，从而为消费者带来更好的数字化体验。而宝马集团的数字化转型也并不仅仅是技术的升级，而是借助技术的升级和创新打造数字生态系统，建立更具包容性的数字化生态。

10.1.3 人才困境：数字化人才与需求断层

人才困境是跨国公司数字化转型中的一个严峻挑战。作为推动企业运作的关键资源，人才对于数字化转型的推进有着重要影响。在数字化转型的过程中，跨国公司需要数量众多的精技术、懂业务的高质量人才，而在整个市场中进行数字化转型的企业众多、数字化人才缺口较大的情况下，一些跨国公司，尤其是非互联网行业的跨国公司，在数字化转型过程中面临找不到数字化人才的困境。

第 10 章 调整视角,破解数字化焦虑

为破解人才困境,**许多跨国公司都制订了人才培养计划、人才共建计划等,利用自己的技术优势,融合中国高校的教育优势,有针对性地为企业培养数字化人才。**

在这方面,联合利华就与复旦大学达成了合作,共同培养数字化人才。2021 年 3 月,联合利华举办了一场数字化人才和能力建设发布会,在此次会议上,联合利华宣布了"联合利华+985 高校数字化人才共建"计划,并将会建立数字化人才实习基地。

联合利华将为高校学生提供实习基地,在这里学生可以接触到各种消费者案例和商业场景。同时联合利华内部有很多各领域的专家,他们可以作为导师,为学生提供技术方面的咨询和职业发展方面的建议。此外,联合利华也会通过定向培养的方式,为学生提供专属实习机会和在联合利华工作的机会。

优秀的数字化人才既要懂技术,又要懂业务。为此,联合利华在培养数字化人才的过程中,为其提供了技术与管理的双职业通道,技术人才和懂技术的管理人才都能够在联合利华实现自己的职业抱负。

除了和高校合作培养数字化人才外,跨国公司还可以通过另一种更便捷、成本更低的方式获得数字化人才,那就是借助第三方平台进行人才招聘。

针对企业数字化转型困难的问题,职场社交平台领英提出了"突破招聘边界"的战略,并针对中国市场提出了人才管理数字化变革解决方案,为企业进行数字化人才招聘和管理提供帮助。

该方案聚焦企业要找什么样的人才、人才怎么招、人才怎么留存等问题,帮助企业进行人才生命全周期管理。领英通过整合行业大数据、分析企业战略规划,帮助企业进行组织绩效管理,以人才为基础推动

企业人力资源管理的数字化转型。

在企业招聘的过程中，HR部门和业务部门对于用人需求的沟通、招聘流程的整体优化等，都需要和企业整体的运行效率相匹配。领英通过打通旗下招聘平台，将招聘、职位发布、人才储备等进行整合，同时结合领英大数据洞察，为企业提供智能人才匹配推荐，实现一站式候选人管理，为企业提供更精准匹配的数字化人才。

数字化人才的引进和人才战略的数字化转型是跨国公司进行数字化转型的基础，在数字化人才的布局方面，跨国公司可以选择和高校合作，为企业培养更具针对性的数字化人才，也可以借助领英等第三方平台，更高效便捷地引进数字化人才。

当然从更宏观的层面看数字化人才分布，跨国公司需要了解不同技能组合人群的分布、世界范围内的大分布，以及中国国内区域的分布特点。这样有利于有的放矢地规划数字化战略以及企业数字化相关环节的布局选址。当前还没有特别精确的统计工具可以支持微观层面的数据透视，但宏观层面领英平台的确是非常难得的好工具。笔者曾有幸参与领英经济图谱研究项目（LinkedIn Economic Graph）的研究，并带领团队开展全球和区域数字人才分布和流动趋势研究。在清华大学经管学院研究团队指导下，得出了以下相关成果，供跨国公司作为参考，如图10-1～图10-4和表10-1所示。

从图10-1来看，北美地区超过87%的数字人才在北美各城市间流动，有近10%的数字人才流向亚太地区，约3%的数字人才流向欧洲地区。欧洲地区约36%的数字人才在欧洲各城市之间流动，约48%的数字人才流向亚太地区，约16%的数字人才流向北美地区。亚太地区约

68%的数字人才在亚太各城市之间流动,约21%的数字人才流向北美地区,约11%的数字人才流向欧洲。总体来看,北美和亚太地区的数字人才主要在本地区流动;北美地区和亚太地区数字人才双向流动频繁;欧洲的数字人才主要流向亚太地区。

(引自《全球数字人才发展年度报告(2020)》)

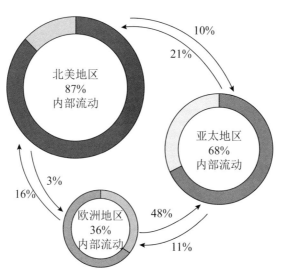

图10-1 北美、欧洲和亚太地区数字人才流动

我们在各城市对数字技能按照相对渗透率进行排序,并选择排名前三的数字技能作为该城市的代表性数字技能。同时,基于世界银行关于颠覆性技术❶的定义,我们将与颠覆性技术相匹配的数字技能定义为颠覆性数字技能,其他数字技能则定义为基础性数字技能。与基础性数字技能相比,颠覆性数字技能不仅能够提高产品或服务的生产效率,而且可能颠覆传统的生产方式,进而颠覆传统的经济发展模式。对于城市数字经济发展来说,基础性数字技能和颠覆性数字技能都很

---

❶ 颠覆性技能的定义来源于世界银行对颠覆性技术的定义,详见 *Disruptive Technologies and the World Bank Group*。

重要，基础性数字技能是利用和拥抱数字时代的能力，颠覆性数字技能将为数字时代创造新的场景。

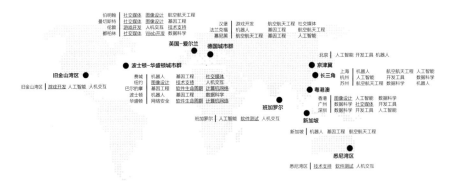

图 10-2　全球核心城市群 / 城市代表性数字技能

如图 10-2 所示，我们列出了 11 个城市群中 26 个核心城市的前三项代表性数字技能，其中有下划线的技能为基础性数字技能，无下划线的技能为颠覆性数字技能。初步来看，各城市群在颠覆性技能和基础性技能上各有侧重，社交媒体、游戏开发、图像设计等是当前城市群重点发展的基础性数字技能，机器人、人工智能、航空航天工程、基因工程、数据科学等是当前城市群重点突破的颠覆性数字技能。从单个城市群来看，波士顿 - 华盛顿城市群、旧金山湾区、英国 - 爱尔兰城市群、悉尼湾区、班加罗尔的代表性技能包括基础性数字技能和颠覆性数字技能，德国城市群、长三角城市群、京津冀城市群、粤港澳城市群、新加坡等以颠覆性数字技能为主。

（引自《数字经济时代的创新城市和城市群发展：人才视角》）

| 第10章 调整视角,破解数字化焦虑 |

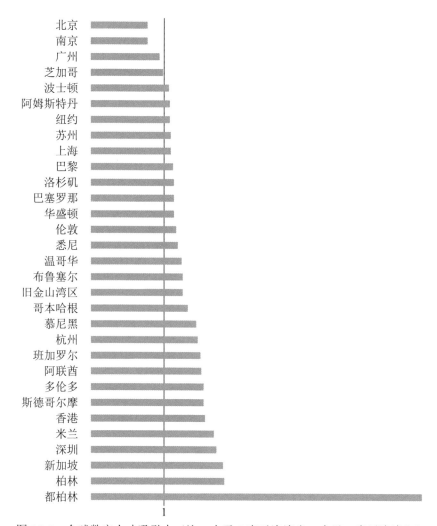

图10-3 全球数字人才吸引力(注:小于1表示净流出,大于1表示净流入)

从全球数字人才吸引力来看,欧洲城市和亚太城市居于前列。吸引力前五的城市依次是都柏林、柏林、新加坡、深圳、米兰,而北京、南京、广州、芝加哥四个城市处于净流出状态。从数字人才流动量来看,班加罗尔、阿联酋、新加坡、旧金山湾区、纽约是全球数字人才流动中心枢纽。

(引自《全球数字人才发展年度报告(2020)》)

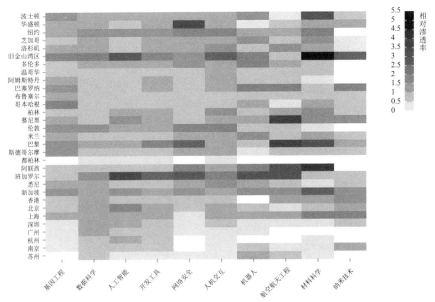

图10-4 全球主要城市颠覆性数字技能渗透率（注：空白方格表示数据缺失）

颠覆性数字技能是推动数字化深层次转型的核心力量，旧金山湾区、班加罗尔颠覆性技能的渗透率最高，在材料科学、人工智能等多个领域均处于全球引领地位。阿联酋、新加坡、上海、巴黎、慕尼黑、伦敦、纽约、波士顿、柏林、巴塞罗那等处于第二梯队，在单个（或少数几个）颠覆性技能领域具有突出的人才优势，例如新加坡的材料科学、机器人、基因工程，上海的材料科学、纳米技术，巴黎的材料科学和航空航天工程等领域具有较强的人才优势。

北美、欧洲和亚太地区颠覆性数字技能呈现差异化发展趋势。北美地区城市颠覆性技能的渗透率较高，且处于全球引领地位；欧洲地区整体排名都比较靠前，其中德国慕尼黑在航空航天、法国巴黎在航空航天和材料科学均具备领先优势；亚太地区印度班加罗尔、阿联酋、新加坡排名较高，而中国城市在颠覆性技能渗透率上的排名相对落后。

（引自《全球数字人才发展年度报告（2020）》）

第10章 调整视角，破解数字化焦虑

表10-1 2016年和2018年全国数字人才城市分布占比及排名

城市	2018年 占比	2018年 名次	2016年 占比	2016年 名次	城市	2018年 占比	2018年 名次	2016年 占比	2016年 名次
上海	18.4%	1	16.6%	1	武汉	2.0%	9	1.8%	9
北京	16.8%	2	15.6%	2	西安	1.7%	10	1.7%	10
深圳	8.7%	3	6.7%	3	东莞	1.7%	11	0.9%	14
广州	5.4%	4	3.9%	4	天津	1.3%	12	1.1%	12
杭州	3.5%	5	3.4%	5	重庆	1.2%	13	1%	13
成都	2.9%	6	2.5%	6	青岛	1.1%	14	—	—
南京	2.3%	7	2.3%	8	大连	1.1%	15	1.4%	11
苏州	2.2%	8	2.5%	7	沈阳	—	—	0.8%	15

劳动力的变化趋势可以在很大程度上反映出各个行业的发展态势。但是在数字化转型的大背景下，劳动力的数量变化并不能代表生产能力和效率的变化，人才尤其是数字人才是驱动行业发展和转型的重要力量。因此，本研究从数字人才角度，对各个行业展开更深入的分析。

本研究从领英人才数据库中提取了2016～2018年每年满足数字人才定义❶的用户作为研究样本。其中，2016年满足数字人才定义的用户数量约为78万，2017年约为85万，2018年约为91万。基于此，为分析数字人才的区域分布情况，本研究统计了2018年数字人才数量最多的15个城市，并与2016年数据❷进行比较。结果表明，数字人才主要集中在东部和南部沿海地区；北京的数字人才规模也比较丰富；中西部的城市中，成都、武汉、西安、重庆均位列前十五位。同时，经过两年的发展，这15个城市的数字人才分布占比和排名均发生了一

---

❶ 数字人才指拥有ICT专业技能的人才，以及与ICT专业技能互补协同的跨界人才。详细定义见清华大学经济管理学院互联网发展与治理研究中心2017年发表的研究报告《中国经济的数字化转型：人才与就业》和2018年发表的研究报告"World Bank LinkedIn Digital Data for Development"by World Bank Group & LinkedIn Corporation.

❷ 2016年全国主要城市数字人才分布占比数据来源于清华大学经济管理学院互联网发展与治理研究中心2017年发表的研究报告《中国经济的数字化转型：人才与就业》。

些变化。

从数字人才分布占比的角度来看，排名前 15 的城市中数字人才分布占比之和明显提高，2016 年为 62.2%，而 2018 年为 70.0%，表明数字人才呈现出逐渐向中心城市聚集的趋势（见表 10-1）。尤其在排名前四的城市中（上海、北京、深圳和广州），数字人才分布占比增长趋势非常明显。值得注意的是，一些城市的数字人才分布占比呈现下降趋势，包括南京、苏州、大连、沈阳等，这更加突出了数字人才向中心城市聚集的趋势。

从数字人才数量排名的角度，与 2016 年相比，2018 年一些城市的排名发生明显变化。其中，江苏省的两大重点城市南京和苏州的名次发生对调，南京超过苏州，排名第 7 位，苏州位列第 8 位。广东东莞的排名大幅提升，从 2016 年的第 14 位上升到 2018 年的第 11 位。而辽宁大连的排名却大幅下降，从 2016 年的第 11 位下降到 2018 年的第 15 位。此外，山东青岛在 2018 年进入前十五城市，且位列第 14 位，但辽宁沈阳在 2018 年却掉出了前 15 名。总体来说，除北京和青岛等少数城市外，数字人才在南方城市发展更快，而在北方城市发展相对较慢。

（引自《数字人才驱动下的行业数字化转型》）

10.2 如何应对数字化转型

在进行数字化转型的过程中，跨国公司不仅要面对各方面的挑战，还要掌握正确的方法。如果方法不正确，那么即使进行了多番尝试，最终也会以失败收场。为此,在数字化转型的过程中,跨国公司需要明确自身数字化转型的目的,多点切入、逐步推进,同时注重数字化创新。

10.2.1 数字化转型是手段,业务转型是核心

一些跨国公司意识到了数字化转型的必要性,也积极付出了行动,但是其并没有明确的目的,只是为了数字化转型而转型,因此也没有清晰的规划,没有检验转型成效的标准,最终在劳心劳力之后,数字化转型也走向失败。

对此,跨国公司必须意识到,**数字化转型只是一种手段、一个过程,借助此实现业务转型或商业模式的转变才是最重要的**,因此在进行数字化转型实践之前,跨国公司必须要明确自身数字化转型的目的,并以此制定策略。

当下,零售行业竞争激烈,全渠道零售已成为互联网时代的新风口。面对这一挑战,零售巨头沃尔玛积极进行了数字化转型。在转型过程中,沃尔玛以数字化为手段,以业务转型为目的,力求为消费者创造更多的购物场景,提升消费者的购物体验。具体而言,沃尔玛在数字化转型方面做出了以下几方面的举措。

(1)全渠道布局

沃尔玛以满足消费者的购物需求为目的进行全渠道布局,消费者在哪,沃尔玛的购物渠道就延伸到哪,以满足消费者随时随地购物的需求。消费者习惯在多个购物平台上购物,沃尔玛就与京东、腾讯等

企业展开战略合作，进行线上多个电商平台的搭建，打通了沃尔玛京东旗舰店、沃尔玛京东到家、沃尔玛小程序等多个线上渠道，同时实现线上线下渠道的连接。

（2）提升数据洞察能力

沃尔玛通过线上布局，积累了数千万的数字化用户。这些用户不仅会在线上渠道购买商品，还是沃尔玛线下店铺的忠实客户。

沃尔玛旗下的山姆会员店公布的数据显示，多渠道会员比单一渠道会员购买商品的频次更多、总额更大。在长久、持续的消费行为下，沃尔玛通过大数据算法对消费者需求的了解也越来越清晰，数据洞察能力也在不断提升。在此基础上，沃尔玛能够精准捕捉高潜力人群，满足消费者的个性化需求，提升消费者的购物体验。

（3）建设数字化门店

为了提升线下消费者的购物体验，沃尔玛投入大量资金将线下门店打造成了数字化门店。新的门店设计了新的视觉元素，设置了更优化的分区和大量的自助收银机。同时沃尔玛和腾讯共同推出的小程序"扫玛购"也提升了消费者的线下购物体验，消费者不必排队等待结账，在微信小程序上"扫一扫"录入商品，就可以通过微信支付完成结账。

（4）员工数字化

沃尔玛在中国有十余万名员工，大多数都是门店工作人员。为了提升员工工作的效能，沃尔玛在员工数字化方面也做出了诸多努力。沃尔玛通过企业微信平台优化员工工作流程，提升门店的执行效率。员工可以通过企业微信收到定制化的任务，当员工完成企业微信中发布的任务后，也可以及时将工作相关照片通过企业微信上传。另外，在遇到缺货、商品价格调整等问题时，也能够通过企业微信及时反馈到采购部门。

沃尔玛在数字化转型方面做出了多方面的变革，但并不杂乱，始终以满足消费者的需求和提升消费者的体验为目的，进行业务转型升级。这也为其他跨国公司的数字化转型提供了经验：**在进行数字化转型的过程中，一定要明确自己的目标，并以此制定合适的转型策略。**

10.2.2 多点切入：从数字化生产到数字化营销

对于任何一家企业而言，数字化转型都是一项大工程、一项长久的工作，因此，**在进行数字化转型时，跨国公司需要找准转型的切入点，通过不同切入点的数字化变革推动企业整体的数字化变革。**

在选择数字化转型的切入点时，跨国公司可以从以下几个方面进行考虑。

① 痛点。每个企业都会面临制约其发展的痛点，这个痛点就是很好的切入点，从企业痛点入手进行数字化转型能够有效破解企业发展难题，推动企业的高效发展。

② 价值点。企业推进数字化转型是为了获得持续发展。为此，跨国公司在选择切入点时，可以考虑在哪个关键点率先推进数字化转型能够获得更高的价值。这里的价值可以从两个方面来衡量：一是为消费者带来性价比更高的产品、服务或更好的体验；二是为企业带来更多的利润。

③ 成熟点。在分阶段进行数字化转型的过程中，为降低转型的难

度，可以先将相对成熟的领域作为切入点。这里的成熟有两方面含义：一是企业以往的信息化工作已经为数字化转型打下了较好基础；二是就行业中的数字化进程来看，行业中已经出现较为成熟的技术，有不少成功范例可以作为指导。

④ 牵引点。企业的数字化转型的目标是全面数字化，选择切入点是数字化的第一步。因此，以长远的目光来看，能够对企业其他领域的数字化转型有引领效应的领域，应该优先作为数字化转型的切入点。

跨国公司可以从以上四个维度进行分析选出切入点，从而更为有效地推进数字化转型工作。同时一些在中国有长久发展历史、有较强实力的跨国公司对数字化转型进行了多方尝试，并取得了很好的成效。

以可口可乐为例，其在中国就进行了数字化生产、数字化营销等多方面的尝试，并已见成效。

（1）数字化生产

2021年3月，太古可口可乐和西门子达成战略合作，合作的内容包括数字化工厂建设、供应链智能化管理、数字化人才培养等，将携手打造数字化工厂，推进太古可口可乐在中国的数字化转型。

在数字化生产方面，西门子为太古可口可乐打造了制造信息系统，并成功应用于太古可口可乐在杭州的数字化生产线中。未来，该系统将被逐步应用于太古可口可乐在中国的近20家工厂、近100条生产线中，更好地实现降本增效。该制造信息系统可实现生产过程中各环节的数据采集、处理、存储和管理，发挥生产过程信息化监控、设备维护、异常预警、生产绩效评价等功能，大幅提升工厂的数字化水平。

未来，西门子还将进一步拓展该制造信息系统的功能，如通过西门子Mind Sphere App随时获取全国各地生产线的生产数据，并对所有数据进行效率、能耗等多维度的分析，帮助太古可口可乐进一步提升其全供应链的数字化管理水平。

（2）数字化营销

除了数字化生产之外，可口可乐在营销领域也进行了多种数字化转型的尝试。除了推出一物一码、线上互动游戏等数字化营销方式外，可口可乐还和中国多家平台合作，布局数字化营销渠道，并推出全新的数字化营销活动。

2020年7月，可口可乐与美团点评达成战略合作协议，宣布共同进行数字化商业新模式的探索。这一合作将加速可口可乐的数字化转型，打通更多的数字化营销渠道。

可口可乐与美团点评的合作主要包含以下四个方面。

第一，双方将以"FOOD（美食）+"为核心布局贯穿全年的O2O（Online to Offline，线上到线下）营销活动。可口可乐将加深在美食佐餐场景的营销，同时在不同场景与美团点评进行拓展合作，探索"闪购"新零售、酒旅场景跨界营销等方面。

第二，双方将共同打造一套包含商户招募、运营、沉淀的数字化经营模式，为合作商户赋能，进一步提高可口可乐在餐饮渠道的渗透率，实现品牌与商户的共同发展。

第三，美团点评将助力可口可乐品牌馆，借助平台一站式营销生态，构建曝光、种草、下单、分享的营销全链路，帮助可口可乐将更多的公域流量转化为私域流量，实现品牌资产的沉淀。

第四，美团点评将为可口可乐打造品牌私域数据库。从消费者、商户等多路径沉淀数据资产，并形成实时、准确的数据分析，为品牌营销提供科学指导。

对于可口可乐而言，无论是生产还是营销都是其企业经营的重要环节，也是数字化转型的关键领域。跨国公司在进行数字化转型时，需要找准一个合适的切入点循序渐进地进行数字化转型，逐步进行多点切入，最终实现企业整体的数字化转型。

10.2.3 核心驱动：以创新赋能数字化转型

数字化转型离不开各种新技术、新应用的支持，而要更快、更好地完成数字化转型，就必须要重视数字化创新。创新是企业数字化转型的核心驱动力。

许多跨国公司都十分重视技术创新，并以此推动企业的数字化转型。其中，飞利浦就积极通过本土化创新加速其在中国的数字化转型。

飞利浦很早就意识到数字化转型的重要性，并将数字化创新和人工智能加入企业发展战略。在这一战略的指导下，飞利浦推出了多种数字化产品，进行了多种数字化实践，以本土化创新为驱动力，推动企业的数字化转型。

星云三维影像数据中心是飞利浦的经典产品，在中国拥有众多用户。随着产品的不断迭代升级，星云三维影像数据中心也推出了更多数字化、智能化的功能。而其多年在医疗领域的积淀，以及拥有的海量数据也为其进行数字化转型打下了坚实基础。

同时飞利浦还联合神州医院共同打造了"神飞云"解决方案，这是飞利浦星云计算机影像辅助诊断系统的云平台解决方案，能够为用

第 10 章 调整视角,破解数字化焦虑

户提供更为便捷的个性化套餐定制服务。用户可以根据实际需求和预算,选择星云平台上的相应应用模块。

目前,"神飞云"解决方案已经更新到了第三代版本——"神飞云3.0",它打破了诊断、治疗的界限,提供诊疗一体化解决方案,涉及三维影像辅助诊断、手术风险评估、疗效评估、随访等多方面的内容。

此外,打破壁垒、互助共赢也是飞利浦在数字化转型中始终坚持的。飞利浦一直积极与中国的互联网公司、行业学会等建立更广泛的战略合作关系,致力于打造一个健康生态系统,以推进创新技术的落地应用。例如,飞利浦和神州医院合作推出"神飞云",和阿里健康进行互联关护领域的合作,和县域医院共同开展各类助力分级诊疗活动等。

对于飞利浦而言,推动数字化转型并不只是一句口号,飞利浦一直通过不断的技术创新、技术合作等推动数字化转型的进程。中国的医疗市场广阔,用户需求复杂多样,飞利浦也因此特别关注不同用户的不同需求,从用户的个性化需求出发,提出更多更符合本地特点的解决方案。飞利浦在中国推出了很多本地化的产品和解决方案,这些都是其在数字化转型方面的差异化竞争力。

MANAGEMENT OF
MULTINATIONAL CORPORATIONS
IN CHINA

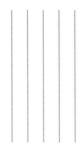

第 11 章
跨国公司经营对中国企业出海的启示

11.1 出海如何从 0 到 1

11.2 借鉴跨国公司经验，开发海外市场对于许多跨国公司而言,中国市场是不可忽视的重要市场;对于中国的企业来说,海外市场同样也极具诱惑力。在许多跨国公司纷纷进入中国市场的同时,许多国内企业也纷纷跨出国门,在国际市场上崭露头角。面对和中国市场不一样的国际市场,企业有必要做好出海准备、规避出海风险,并从跨国公司本地化经营的实践中总结经验和教训,掌握跨国经营的技巧。

第 11 章 跨国公司经营对中国企业出海的启示

11.1 出海如何从 0 到 1

企业应如何规划自己的出海之路？首先，企业需要为出海做好充足的准备，判断企业是否具备了出海的实力；其次，不同的国家有不同的法律规定，企业在当地市场经营时一定要了解并遵守当地的规定，避免因合规风险导致出海失败；最后，为减轻企业出海的阻力，企业可以寻找本地企业或者实力强劲的跨国公司合作，借对方的帮助打开海外市场。

11.1.1 拒绝跟风，制定科学策略

许多在中国市场发展得顺风顺水的企业，在市场中获得成功之后，都会将目光瞄向海外，渴望探索更广阔的国际市场。其中的一些企业在国际上获得了更好的发展，成长为成熟的跨国企业，而有一些企业却出师不利，止住了向外探索的脚步。其中的根本原因就在于，企业是否针对出海扩张制定了科学的策略。

出海策略的科学性体现在两个方面，一是策略要适合企业自身，

二是策略要适合海外市场。

首先，企业需要根据自身现状制定出海策略。一方面，企业出海前要做好客观分析，明确自身企业是否适合出海。在出海浪潮之下，许多发展并不成熟的中小企业高估了自身实力、低估了海外市场的风险，盲目跟风拓展海外市场，最终被出海浪潮所淹没。因此，企业需要客观评判自身在资金、技术、供应链等方面的实力，全面了解海外市场的机遇与风险，明确企业是否有出海的资金、技术支持，是否能够承受出海失败的风险等，在此基础上做出正确决策。

另一方面，即使企业具备了出海的实力，也要根据企业的发展现状制定合适的出海策略。一些新兴企业在资金、技术等实力方面和老牌传统企业存在差距，因此，并不适合进行快速多市场扩张。战线拉得越长，企业需要持续投入的资金或其他资源也就越多，这会成为企业发展的沉重压力，一旦企业在国内的发展受阻，那么其海外战线也会崩溃。因此，企业需要根据自身的发展状态和速度规划企业在海外的发展，拒绝盲目扩张。

其次，企业制定的策略要适合海外市场。不同地区的海外市场聚集着不同消费水平、不同文化背景的消费者，体现出不同的消费需求。因此，企业需要对不同的市场进行分析，了解其不同的消费需求。

小米公司的海外发展策略就极具针对性，针对不同的市场推出不同的产品。针对非洲、东南亚等发展中国家市场，小米公司主推低端产品，以性价比作为占领市场的撒手锏，扩大自己的市场份额，例如目前在印度市场，小米手机的市场占有率就非常高。而针对欧美发达国家市场，小米公司采取的是高端化策略，提供更先进、更智能的设备以满足消费者的需求，这也获得了欧美市场的认可。国际调研公司

Strategy Analytics 发布的报告显示：2021 年第二季度，小米公司在欧洲智能手机市场的市场份额达 25.3%，荣登榜首。

总之，在出海之前，企业一定要对自身实力和目标海外市场做好调研，确定企业已经具备出海的实力，确定企业的产品或服务能够满足海外市场的需求，并在此基础上制定科学的出海策略。

11.1.2 规避风险，提防合规性的"暗礁"

对于跨国公司而言，其想要在中国顺利发展就需要遵守中国的法律法规，保证企业的合规性。对于中国的企业来说也是如此，要想顺利探索海外市场，就必须遵守所在国以及国际法律的规定，规避合规性的"暗礁"。

在企业出海之路上，合规风险是企业必须要谨慎面对的问题，**如果陷入合规风险陷阱，那么企业就会遭受当地政府的处罚，甚至被划入政府"黑名单"**。以美国为例，如果不遵守其法律，当地政府就有可能将企业拉入"黑名单"，即受限方名单。进入"黑名单"的企业无法获得美国的零部件、技术等支持，企业在美国的发展及其他国际业务也会因此陷入困境。

同时，**企业与当地政府认定的敏感国家接触，进行贸易活动或与政府"黑名单"上的企业有商业往来，都可能会被认定为违规，从而被当地政府处罚**。例如，A 国某企业就因与 B 国家的交易遭受了美国政府的处罚，原因是该企业与 B 国家的商业活动违反了美国对该国家的制裁。最终该企业与美国政府达成了和解并缴纳了巨额罚款。

为避免触碰合规性的"暗礁"，企业必须加强合规意识，打造好合规管理体系，妥善应对合规危机。

加强合规意识不仅要求企业在遵守所在国及国际法律法规的条件下进行企业经营活动，同时还要防范其他合作企业或客户违规带来的合规风险。如果企业的主要客户或供应商正在接受当地政府的调查，那么这对企业而言就是一个危险的信号，企业很可能会因此被当地政府调查。

在应对这种合规事件时，鉴于海外贸易法的复杂性，企业要及时联系当地有声望的、精于合规业务的律师事务所，在专业人士的建议下处理问题。同时，当地有声望的律师事务所更受当地政府的信任，其提交的报告更容易被当地政府采信，企业也更容易与当地政府和解。

此外，企业要想长久地规避合规性风险，就需要建立合规管理体系。在这方面，吉利控股集团为许多出海的企业做出了良好示范。

吉利控股集团董事长李书福曾讲过："合规好比是交通规则，企业在海外投资，既要了解交通规则，还要遵守交通规则，提升驾驶技术。"出于对企业合规的重视，吉利控股集团不仅注重研究各国的法律法规，也会在此基础上进行合规体系建设。

吉利控股集团建立了完善的合规管理体系，在组织架构方面，纪检、法务、人力资源、内部审核等方面都建立了职能部门；在制度方面，制定了《合规行为准则》，对商业管理和知识产权管理等方面做出了详细的管理规定。此外，为了加强合规体系建设，吉利控股集团十分重视对不同国家的政治、经济、法律、文化的了解，理解和把握全球竞争的新方式和新规则，使企业能够在海外市场越走越远。

吉利控股集团对合规管理体系的建设推动了其在海外的发展。无论是收购美国飞行汽车公司 Terrafugia，还是收购戴姆勒公司 9.69%

的股份,这些收购都曾遭遇波折,但是因为企业做好了合规管理,通过了海外相关部门的审查,因此最终成功收购。

总之,在合规性方面,企业需要建立完善的合规管理体系,搭建合规管理架构,确定相关负责人,并制定企业合规管理制度。同时,企业也需要加强对各国的法律法规的了解,在相关法律法规的引导下进行企业经营管理。

11.1.3 降低难度,选择合适的出海伙伴

和跨国公司进入中国市场一样,企业探索海外市场也会面临水土不服的问题,**为了使自己的业务更顺利地在海外市场落地,企业需要选择合适的本地伙伴开展合作**。纵观华为、小米等中国的互联网巨头,其在探索海外市场的过程中都离不开本地合作伙伴的助力。

2021年7月,市场调研机构Canalys发布的报告显示,2021年第二季度全球智能手机出货量增长12%。其中,小米以17%的份额首次位居第二,小米手机销量成功跻身全球第二。小米出海的成功是有目共睹的,而这其中离不开合作伙伴的帮助。

打造基础云平台是企业出海面临的一个挑战,而选择合适的云服务提供商能够让企业后续的工作事半功倍。在这方面,小米选择了微软Azure云平台,以此更好地面对出海挑战,为海外用户提供更好的服务。

一方面,小米十分重视信息安全和隐私保护,同时出海也需要遵守当地的法律法规,其中就需要做到GDPR合规,即保证企业行为不违反欧盟《数据保护通用条例》(*General Data Protection Regulation*,

GDPR）。而微软同样重视信息安全和隐私保护，同时在 GDPR 合规方面严格合乎标准。小米与微软合作能够更好地应对出海的挑战。

另一方面，借助微软 Azure，小米可以为用户提供长久、安全、可靠的云服务，时刻保持数据的完整性；借助微软 Azure 的业务规模增长预测功能，小米可以有效降低运营成本；借助微软 Azure 对大数据处理的能力，小米可以从用户数据中得到更多有价值的信息，并据此为用户提供更贴心的增值服务。

微软 Azure 为小米提供的云服务为小米的顺利出海提供了必要的帮助，也为即将出海的企业在克服水土不服的问题方面提供了可借鉴的成功经验。

优秀的合作伙伴是企业出海的助力，那么企业应如何挑选合作伙伴？企业需考虑以下内容。

① 目标企业的基本情况。包括成立时间、存续状况、股东及董事情况等，通过对这些情况的了解，证明该企业是一家合法存在的公司。

② 优秀的财务能力。企业需要重视资信调查，注意对方的风险评级，考查对方的信用等级评分和财务稳定性，以此分析对方是否具有财务履约能力。

③ 相关的业务能力。企业应考查对方的业务能力，了解对方是否有相关行业经验、是否具有提供自身所需求服务的能力。

④ 较强的抗风险能力。出海合作伙伴需要有较强的风险防控能力。在国际业务合作中存在很多不确定因素，如果合作伙伴在风险防控方面存在欠缺，则会引发诸多原本可防控的风险，也会使企业在海外市场的发展陷入困境。

⑤ 目标公司的价值观。企业需要与对方企业的股东、董事、具体

项目的对接执行人等做好沟通，明确双方在合作目标、价值观方面是否一致。合作双方必须具有共同的合作目标、价值观，才能更顺利地达成合作。

总之，**无论选择哪些方面的合作伙伴，企业都要做好调查，评判对方的业务能力是否符合自己的需求，是否具有良好的口碑等，确保对方能够为自身业务的发展提供助力。**

11.2 借鉴跨国公司经验，开发海外市场

许多跨国公司在进入中国市场之后做出了多方面的适应性改变，并获得了很好的发展。这些经验可以为中国的企业所用，指导中国企业在海外的发展。在这方面，中国企业在出海时也需要跨越文化差异、进行本土化经营及国际化扩张，同时需要向海外市场讲好自己的品牌故事。

11.2.1 寻求共识，跨越文化差异

不同的国家存在不同的文化习俗，也会产生文化差异。许多在中国成功发展的跨国公司，如苹果、微软等，其经营成功的原因之一就是进行了成功的跨文化管理。这也为中国企业的出海提供了启示，**企业在海外的经营必须要跨越文化差异，做好跨文化管理。**

华为在跨文化管理方面就做得十分成功，主要表现在以下两个

方面。

一方面，华为坚持本土化策略，将生产、营销、管理等融入东道主国经济中。在进入海外市场时，华为会对当地的经济、文化、生活习俗等进行调查，并在此基础上进行管理上的调整。例如，在墨西哥，华为会按照当地的节假日安排假期，按照当地的风俗为员工庆祝生日，按照当地员工的生活习惯调整上下班的时间。而在印度，华为也会尊重印度的文化习俗，要求中国的员工取印度名，任命印度本土高管等，使企业融入印度文化。

另一方面，华为也会对员工进行跨文化培训。培训的内容包括语言训练、不同文化之间的差异、相关产品内容等，同时通过研讨会、模拟演练等加深员工对不同文化的理解。通过持续的跨文化培训，员工逐渐形成了跨文化意识，能够更理性地面对文化差异，在与不同文化背景的人沟通时，也能够站在对方的角度思考问题，减少了跨文化冲突。

总之，在进行跨文化管理时，企业首先要尊重不同国家的不同文化，允许文化差异的存在，同时需要做好跨文化培训，增进来自不同文化背景的员工对其他文化的理解和认同，减少跨文化冲突。

11.2.2 立足之本，本地化经营

许多跨国公司在进入中国市场之后，都进行了一系列调整，如制定本土化策略、招聘本土人才、进行本土化营销等，这些措施都是为了提升企业的本地化程度，以便更贴近本土市场，从而在本土市场扎根立足。对于中国企业而言也是如此，**面对与中国市场有很大不同的海外市场，企业应做好本地化经营，提升企业的本地化程度，以本地**

第11章 跨国公司经营对中国企业出海的启示

消费者更加认可的方式进行营销，以此获得本地消费者的认可。

数据统计机构 Sensor Tower 公布的数据显示，抖音短视频国际版 TikTok 成为全球首个除 Facebook（脸书）之外的、达到 30 亿次下载量的应用程序。为什么 TikTok 能够在海外成功发展？原因就在于其切实做到了本地化经营。

TikTok 的本地化经营策略概括成一句话就是"让用户自己去运营自己"。TikTok 平台只运营"玩法"，以多样的玩法激发用户创作。例如，TikTok 上的"挑战类""模仿类"等活动异常火爆，吸引了众多用户参与。

在东南亚地区，能歌善舞的人非常多，TikTok 上舞蹈类型的挑战受到用户的喜爱。同时，多人同框挑战、"尬舞机"游戏等搞笑类的挑战也受到了用户的欢迎。此外，"模仿类"活动也吸引了很多用户的参与，很多用户都会身着当地传统服饰，模仿本地热播电视剧里的某些片段和场景。

为加速平台的传播，TikTok 邀请了很多本地当红的明星来助阵，邀请其入驻 TikTok 并参加 TikTok 上的挑战活动，制造大量传播。同时，有一些本地的网红已经在 YouTube 平台上收获了大量粉丝，这些网红也是 TikTok 想要吸引的重点人群。将这些网红迁移到 TikTok 平台上，是 TikTok 本地化运营中实现"拉新"的有效方式。

TikTok 和抖音在功能上是一致的，但是在内容运营上有很大差异。TikTok 中体现了各有特色的本地化内容，而这些内容都是用户在各种活动的刺激下自己创作的。TikTok 会发掘不同市场的地方文化特色，设计出适合本地用户的线上活动，工作的重点在于精细化地运营这些活动，而不是运营用户本身。

此外，TikTok 在本地化方面会对本地市场进行大量调研，同时会接受本地员工结合当地传统文化、习俗等提出的运营建议。例如，TikTok 在泰国推出了当地传统节日泼水节的贴纸，深受当地用户的喜爱。

TikTok 的成功为企业出海指明了方向，要想成功在海外市场立足并不断发展，就需要走本地化经营的路线，综合利用本地的人力物力资源，降低运营成本，同时需要对本地市场进行深入调研，推出符合本地消费者需求的产品。

11.2.3 从海外研发到海外收购，品牌不断扩张

企业出海的目的不仅仅是在海外市场立足，还要借助海外的技术、人才、资源等实现品牌的崛起和海外市场的扩张。**本土化研发、本土品牌收购等都是跨国公司在中国市场中的常用手段，企业也可以借鉴这些成功经验，以海外研发和海外收购实现品牌在海外的成长和扩张。**

吉利汽车就十分重视海外研发工作，目前已经在德国劳恩海姆、瑞典哥德堡、英国考文垂等地建立了海外研发中心。从技术角度来说，海外研发中心的设立有利于引入本地技术人才，提高企业的技术实力和人才储备；从品牌角度来说，海外研发中心的设立能够提升品牌的技术形象，体现品牌的整体实力。

此外，有不少企业会通过海外收购的方式实现品牌扩张，安踏就是其中的主要代表。近年来，安踏在多品牌全球化扩张的路上越走越远。安踏通过收购获得了意大利品牌 FILA 在中国的商标运营权，同时收购了日本滑雪服品牌 Descente、韩国户外品牌 Kolon 等。在安踏

的海外扩张之路上，最大的一笔收购无疑就是对芬兰体育品牌 Amer Sports 的收购。

Amer Sports 旗下拥有户外越野品牌 Salomon、网球装备品牌 Wilson、滑雪装备品牌 Atomic 等 13 个品牌，产品线覆盖网球、羽毛球、越野滑雪、滑板、健身器材、自行车、徒步装备等多个方面。同时，这些品牌在各自的细分领域拥有很高的认可度。

纵观 Amer Sports 旗下的这些品牌，既满足了安踏发展中高端路线品牌的需求，又符合安踏对于体育产品差异化及专业度的要求。借助此次收购，安踏可以进一步拓宽对不同层次消费者的覆盖。同时通过引入 Amer Sports 的核心技术以及依托旗下诸多品牌的影响力，安踏也可以提升品牌的专业形象，提升品牌在国际市场中的竞争力。

此外，从主营市场来看，Amer Sports 一直深耕欧美市场，在市场中有很高的认可度，借助此次收购，安踏也能够更好地打开海外市场。

在开拓海外市场的过程中，收购或并购是加速企业海外扩张的有效手段，无论是跨国公司收购中国本土企业，还是中国企业收购海外跨国公司，其目的都是借助本土企业提升自身企业实力，同时实现品牌扩张。企业可充分借鉴这一经验规划自己的海外扩张之路。

11.2.4 愿景描绘，好故事助力品牌腾飞

提起苹果公司，很多人都会想到其创始人乔布斯的传奇经历，会想到其对于产品设计的专注和偏执。乔布斯的故事深深感动了消费者，这也是很多消费者选择苹果这一品牌的原因。时至今日，提起苹果品牌，很多人还是会想到乔布斯对于苹果的贡献，或仍能从他的故

事中感受到鼓舞人心的力量。乔布斯的故事已经和苹果品牌融为一体，成为其品牌故事中的重要组成部分。

品牌故事无疑能够加速品牌的传播，而企业在海外推广的过程中，也离不开品牌故事的助力。

小米公司的创始人雷军就是一个擅长讲述品牌故事的人。在产品发布会现场、周年演讲中，雷军都曾分享过自己的创业故事。

例如，雷军刚开始研发红米手机的时候，非常希望能够带动国内产业链，因此全部使用了国内器件。不过，在完成第一批次的生产以后，雷军发现这一批次的红米手机并没有达到预想的使用标准，不仅上网速度慢，还特别卡。更糟糕的是，手机行业通常需要提前预订，红米手机当时已经被预定了40万台，如果不卖，就要损失上亿元的成本。经过一段时间的认真思考，他还是觉得不能卖这批手机，但是，如此巨额的损失对处于初创期的小米又是一个很大的压力。后来，雷军就此事与合作的供应商进行了诚恳的沟通，最终损失了4千万元。

由此可见，为了让红米手机的质量更好，雷军付出了金钱上的代价，而这件事情的流传，也提升了消费者对雷军和品牌的信任。

此外，雷军还多次分享自己在创业路上付出的努力。雷军本身就是一个手机"发烧友"，玩过非常多的手机，在微博上公布用过的手机就有上百款。小米成立后，雷军曾在一年内使用了14款小米手机，亲自担起了小米内部第一测试员的重担。同时，雷军也为自己贴上了"发烧友"的标签，以此与这一群体站成一队，表明小米要提供极具性价比的产品。

从品牌创立到营业额突破千亿元，小米只用了7年，这离不开雷军的努力。从产品研发到产品上市，几乎每个环节都会看到雷军的身影。

第11章 跨国公司经营对中国企业出海的启示

而在小米手机发布时,雷军还会召开新品发布会,为小米手机造势。

和乔布斯的创业故事融入苹果品牌一样,雷军的创业故事也可以融入小米的品牌故事中,加速品牌的传播。这也意味着,出海的企业也可以通过讲述一个动人的品牌故事促进品牌的传播。

除了打造好品牌故事外,企业还要掌握连接海外市场的传播渠道。华为、小米等企业都曾举办过全球直播的发布会,能够大范围地将品牌理念、品牌故事、新产品等以多种语言、多个平台传递给更多海外消费者。例如,小米2021年3月进行过一次全球直播的新品发布会,支持7种语言直播、上线91家平台,覆盖超过50个国家,其影响力自然不言而喻。同时,企业也可以打通海外本地传播渠道,拓宽传播方式。例如,企业可以在Facebook、Youtube等平台上建立企业账号,以此为阵地传播品牌故事。

此外,作为传播企业故事的重要主体,企业创始人也可以通过接受海外杂志采访、参加国际行业峰会等形式宣传品牌故事,提高品牌故事在海外的认知度。

总之,企业可以借助创始人的创业故事、品牌的发展历程等打造品牌故事,并通过全球直播、海外账号运营、国际峰会、国际期刊等不断传播品牌故事,促进品牌在海外的传播并加深品牌在海外市场的认同度,不断完善品牌形象。